启笛

笛

声

回

声

德意志心灵

黄燎宇 著

北京大学出版社
PEKING UNIVERSITY PRESS

序言

这本文集选自我在过去10年所撰写的文字。它们所讲述的，是德国的人和德国的事。见识这些人和事，也许有助于我们管窥德国人的内心世界，让我们体会他们的所思、所欲、所感。文集取名《德意志心灵》，便意在于此。

托马斯·曼和马丁·瓦尔泽，既是德意志心灵的代表，也是其有力的阐释者。《魔山》是一则宏大的、耐人寻味的民族叙事，敦促读者对"何谓西方？""德国在何方？""俄罗斯算不算欧洲？"等问题进行思考。马丁·瓦尔泽两度（2007/2017）荣登权威的《西塞罗》杂志公布的德国知识分子500人影响力排行榜的榜首，则是因为他道出了当代德国人的心声。

读罢《魔山》，再目睹俄欧关系的现状，我对德俄交往史的兴趣油然而生。于是就有了《永远的东方，永远的蛮邦》。

德皇威廉二世是历史的罪人，也是历史的笑柄。他形象滑稽，劣迹斑斑。"匈奴人演说"只是其劣迹之一。但他还有尚未被谈及的另一面：他主导了近代德国的现代化转型，大力促进科学和考古发展，还十分"亲民"，等等。即便在当今德国，他也没有被人忘记。

与威廉二世的"暗中走红"形成对照的，是贝亚特·克拉斯菲尔德的"暗中被黑"。她打出的那记响亮的耳光，让许多德国人耿耿于怀。尽管时过境迁五十年，尽管德国人早已成为"（历史）回忆世界冠军"，这个心结依然未解。这是为什么？

发生在第一次世界大战期间的笔杆子战争，是一个值得大书特书的历史事件。彼时的德国知识精英，充满一览众山小的豪情壮志：向西看，是精于算计的英格兰，是浅薄乐观的法兰西；朝东看，是野蛮落后、种族低劣的沙皇俄国。他们睥睨一切，发出了纳雄奈尔的"最强音"。有趣的是，这爆棚的自信似乎与鼎盛的国力交相辉映。彼时的德国，不仅幅员辽阔，有傲视四方的经济和军事势力，在科技、文化、艺术、教育等领域也独领风骚。这一切，让积贫积弱的大清帝国也看在眼里，所以大清帝国出了"天下第一德吹"康有为。如今的德国，精神风貌已是今非昔比。面对"西方"，德国人表现得内敛和谦逊。当然，他们没有停止对其文化身份、对"何为德意志"的思考，他们也有"锋芒毕露"的时候。不久前，当德国总理朔尔茨抨击美国、说"做交易"是美式而非德式思维的时候，我们几乎听见桑巴特的声音在耳边回响。

德国是一个文化高度发达的国度,还受过"文化诱惑"。德国文化无疑是独特的、复杂的、多面的,值得我们学习、观察和探索。

发展中德友谊,需要知己知彼。让我们一起凝神关注德意志心灵。

目录

一　谁是野蛮人？
　　——第一次世界大战初期德国知识精英的拥战言论　　001

二　德皇缘何变成匈奴王？
　　——德皇威廉二世的"匈奴人演说"　　015

三　永远的东方，永远的蛮邦
　　——德国视角中的德俄关系　　030

四　是默婶演讲，还是夫子自道？
　　——从一篇虚构的默克尔演讲走红网络说起　　052

五　何为德意志？
　　——从三部书看当今德国的文化身份意识　　070

六　一记堪比华沙之跪的响亮耳光
　　——对贝亚特·克拉斯菲尔德事件的思考　　089

七　为德中友谊一辩　　115

八	从文化崛起到文化诱惑	
	——对德国浪漫文化的再思考	124

九	纪念马丁·瓦尔泽：德语世界的桂冠作家	144

十	欧洲·亚洲·疗养院	
	——对托马斯·曼小说《魔山》的三重解读	159

十一	当纳雄奈尔的歌声响彻德意志大地	
	——《告文明世界书》述评	194

一 谁是野蛮人？
—— 第一次世界大战初期德国知识精英的拥战言论

1

从 16 世纪开始，德意志民族就是一个给世界带来刺激和震荡的民族。首先是马丁·路德（Martin Luther）发起了宗教改革运动，使西欧的基督教世界一分为二，形成了新教徒和天主教徒的二元对立。17 世纪上半叶，这一对立引发了三十年战争。战争蔓延整个欧洲，而且十分惨烈，德意志各邦国更是人口减半。进入 18 世纪后，德意志民族成为音乐民族和"诗哲民族"。前者归功于巴赫、莫扎特、贝多芬等音乐家，后者与康德、歌德等人密不可分。19 世纪后半叶，普鲁士在德意志邦国中异军突起，先后通过战争打败丹麦、奥地利、法国，建立了德意志第二帝国。德意志第二帝国在经济、科技、军事各个方面迅猛发展，直逼世界头号强国英格兰。20 世纪，德国发动了两次世界大战，经历了两次战败和两次崛起。两次战争德国均为东、西双线作战，而第一次世界大战中的德国还在双重意义上进行双线作战，因为德国的知识分子用笔杆子开辟了第二战场，在思想战场"保家卫国"。百分之九十以上的德国文化人都参加了这场"保卫战"（中立和唱反调的只是极少数）。这场论战涉及诸多话题，以下3个话题尤其值得我们关注。

第一，战争的责任在谁？

对于这个问题，人们熟知的第一次世界大战编年史给出了清晰的答案：1914年6月28日，奥匈帝国皇储费迪南大公夫妇在萨拉热窝遇刺，奥匈帝国想借机收拾被其视为"泛斯拉夫政策"急先锋的塞尔维亚；7月5日，德皇威廉二世向奥皇特使承诺支持奥匈帝国采取的一切行动；7月23日，奥匈帝国向塞尔维亚发出最后通牒；7月28日，奥匈帝国向塞尔维亚宣战；8月1日，德国对沙俄宣战；8月3日，德国对法国宣战；8月4日，德军侵入中立的比利时，英国对德国宣战。欧陆战争随即全面爆发。很明显，是德、奥首先宣战，是德国首先破坏国际法，进入他国领土。

但是，1914年的德国人并不这么看问题。战争打响后，德国的文化人普遍认为德国打的是一场自卫反击战，他们义愤填膺，甚至充满悲情。他们为德意志民族的悲剧命运而悲愤。在他们眼里，德意志民族因为特立独行、生机勃勃而受到其他国家尤其是日不落帝国英格兰的排斥和仇视，并由此陷入由英、法、俄等国合力编织的"C"形乃至"O"形包围圈。就是说，他们把"仇德"心理视为战争的根源。这不是知识分子的奇谈怪论，而是德意志第二帝国上上下下的一致看法。所以，开战之后"愿上帝惩罚英格兰"成为四处可见的标语和日常问候语,《千夫所指英格兰》(*Hassgesang gegen England*,亦可译为《大刀向英国鬼子头上砍去》)很快成为响彻德意志大地的歌曲。即便今天,人们也不会觉得这种阐释多么令人匪夷所思。在对第一次世界大战的百年反思中,充满现实关怀和本土关怀的中国学者常常提到"修昔底德陷阱",即"老二死得很惨"的历史规律,而"修昔底德陷阱"的经典例证就是始于19世纪的德、英冲突:英国是老大(美国的综合国力在当时已超过英国,但德国人死盯着英国),德国是咄咄逼人的老二,老大最终给老二设了个圈套……可是,德意志第二帝国的知识精英很少从现实利益或者地缘政治冲突去思考问题。尽管他们纷纷把矛头指向头号敌人英国,但是在阐释英、德冲突的时候,他们多半是唯心主义者,把赤裸裸的帝国主义利益争夺战演绎为精神大决战、文化大决战、原则大决战。对于他们,英格兰代表资本主义精神,法兰西代表法国大革命理想,二者是一丘之貉,与德意志精神格格不入。神学家马克斯·舍勒(Max Scheler)强调,这场世界大战"说来说去都是德、英之战",从德国的角度看,这是"一场反对资本主义及其恶果的战争"。如果英国赢得这场战争,那就意味着"温吞的英式享受和循规蹈矩的文明战胜充满原创和个性的文化,资产阶级战胜腓特烈大帝和歌德、康德的精神"。社会学家维尔纳·桑巴特(Werner Sombart)索性把英、德对立上升为"商人"民族和"英雄"民族的对立,说德国人在"与一家百货公司搏斗",说德国是最后一座"抵挡商业化浊流的防波堤"。文学家托马斯·曼（Thomas Mann）坦言自己首先关心的不是德意志帝国的"商贸主导地位"，因为在一个"诞生了康德美学的国家"人们可以做到"无关利害地欢呼德国的胜利"。他所关注的，是"蔑视18世纪理想"的德意志精神如何抵御以民主制、共和制、议会制为特征的"西化"浪潮，是如何"保持德国的德意志特征"，如何避免德国遭遇"去德国化"。哲学家兼1908年诺贝尔文学奖得主倭铿（Rudolf Eucken）的调门更高：他深信德意志民族是"人类的灵魂"，消灭德意志精神就意味着"剥夺世界史的最深刻的意义"。总之，强调德意志文化的独特性和优越性是德意志第二帝国文化精英们的共同心声，他们深信德意志重精神、重内在，其他西方国家重物质和外在，而且用不同的概念和词汇来描述二者的本质区别，如"文化"对"文明"，如"1914理想"（其始作俑者是社会学家约翰·普伦格 [Johann Plenge]）对"1789理想"，如"集体观念、诚实、勇于牺牲"对"自由、平等、博爱"，等等。

第二，战争是祸是福？

对于刚刚打响的战争，德意志第二帝国的文化人可谓掌声一片：战争是福分。这种态度源于他们对战争所作的社会学思考和形而上透视，他们认为战争具有陶冶情操、弘扬民族精神、改造社会之效。对于神学家和哲学家恩斯特·特洛尔奇（Ernst Troeltsch）而言，战争是发现"德意志人在世上的神圣使命"的契机。倭铿把战争视为道德的源泉,他的一篇著名演说就叫《战争的道德力量》;他的学生舍勒认为战争能够给生命、历史注入活力,宣称"和平时期的'规范'源自在战争中得以升华的道德现实"。桑巴特断言"没有危险,人就要退化,就会变得肤浅,就会虚构幸福",所以他把战争看作"实现灵魂革命"的手段。他对战前社会严重不满,抱怨人们"对电报技术和空间技术的兴趣远远大于对原罪问题和维特的烦恼的兴趣"。桑巴特的同行和朋友韦伯则高呼:"不管战果如何,这都是一场伟大而美妙的战争。"与韦伯和桑巴特共同创立了"德国社会学学会"的格奥尔格·西美尔(Georg Simmel),相信战争将"给德意志文化注入活力",相信战争是克服"拜金主义"的手段。宗教哲学家马丁·布伯(Martin Buber)言简意赅地把战争誉为"精神大扫除";画家弗朗茨·马尔克(Franz Marc)认为可以通过战争打扫被他称为"奥革阿斯牛圈"的老欧洲;自然主义文学家尤里乌斯·哈特(Julius Hardt)期待"战争精神"清除"文学中的各种时髦、变态、颓废、泛滥成灾的色情描写、附庸风雅的超人形象,还有空洞无物的形式主义和技巧主义"。

　　需要补充的是,在德意志第二帝国,人们的战争热忱与文化程度和社会地位基本成正比。文化人和上等人的战争热忱普遍高于工人、农民,但这并非因为前者留在大后方高谈阔论,后者则开赴前线充当炮灰。德国的贵族和文化人一般都不畏惧打仗,也从未听说过"好汉不当兵、好铁不打钉"这类奇谈怪论,所以他们在拥军、拥战方面做到了言行一致、以身作则。他们不仅做宣传鼓动工作，走在游行队伍的前面（西服革履者在第一次世界大战历史照片上比比皆是而且非常惹眼），还主动报名参军或者送子参军。据统计，在开战后头十天自愿参军的26万人和最终入伍的14万人中间，来自社会中上层家庭的子弟占了绝大多数，而且相关的感人事迹层出不穷。譬如，年过五旬的著名诗人理夏德·德默尔（Richard Dehmel）就主动参军并开赴前线，诺贝尔文学奖得主格哈特·约翰·罗伯特·霍普特曼（Gerhart Johann Robert Hauptmann）把自己的4个儿子送上了前线，弗朗茨·马尔克则在凡尔登战役中阵亡。由于健康原因无法入伍的，也以自己的方式向战争和战士表达敬意。譬如，近视眼赫尔曼·黑塞（Hermann Hesse）撰写了长诗《艺术家向战士致敬》，《千夫所指英格兰》出自征兵体检不合格的恩斯特·利绍尔（Ernst Lissauer）笔下，同样未能通过体检的托马斯·曼用笔杆子代替枪杆子，4年时间几乎全部用来写政论；音乐家理查德·施特劳斯（Richard Strauss）写完《没有影子的女人》（*Die Frau ohne Schatten*）的第一幕之后特别在乐谱上注明"完成于萨尔堡大捷之日"，深受托马斯·曼和希特勒崇拜影响的作曲家汉斯·普菲茨纳（Hans Erich Pfitzner），把新作《帕莱斯特里那》（*Palestrina*）献给了帝国海军元帅、号称德国大洋舰队之父的阿尔弗雷德·冯·提尔皮茨（Alfred von Tirpitz），等等。

第三，谁是野蛮人？

从 18 世纪到 19 世纪，德意志文化发生了从英特纳雄奈尔到纳雄奈尔的转变。18 世纪的德国人颇有国际胸怀，康德梦想世界大同，歌德呼唤世界文学，席勒获得"法兰西共和国荣誉公民"称号。19 世纪的德国文化人则不仅张嘴"德意志"闭嘴"德意志"，而且喊出了"德意志高于一切""让世界随德意志精神复兴"这类响亮的口号。从德意志第二帝国的建立到第一次世界大战爆发的几十年里，德国在人口、经济总量、文化和科技创造几个方面飞速发展，德国人的民族优越感也同步增长。威廉二世不仅保证要带领其臣民"走向辉煌时代"，而且发出了"德意志帝国的太阳应该永不落"的豪言。所以，桑巴特的《商人与英雄》（*Händler und Helden*）可以一本正经地以如下句子开篇："正如德意志大雕总是在芸芸众生之上高高盘旋一样，德意志人应该高高在上，俯瞰四夷。"

第一次世界大战爆发后，德国在国际社会落下两项恶名：一是军国主义，二是野蛮。前者归咎于德意志第二帝国长期奉行穷兵黩武政策并最终挑起世界大战，后者归咎于德军进入比利时和法国之后的恶劣表现。德军不仅摧毁城市和村庄，枪杀无辜平民，而且制造了两个轰动性的破坏文物事件：8 月 25 日，德军摧毁了古色古香的鲁汶大学图书馆，而鲁汶大学是比利时的最高学府和世界上最古老的天主教大学；9 月 18—20 日，德军炮轰古老的兰斯圣母院，而兰斯圣母院享有"法兰西最高贵的皇家教堂"的美誉，多位法兰西国王曾在此加冕。德军的行为遭到国际社会的一致谴责，连中立的瑞士和意大利也表示抗议。来自敌对国家的声音就更加刺耳：英国作家约瑟夫·鲁德亚德·吉卜林（Joseph Rudyard Kipling）疾呼"匈奴人在砸门"；法国哲学家亨利·柏格森（Henri Bergson）将战争明确定性为"文明对野蛮之战"；法国作家阿纳托尔·法朗士（Anatole France）宣布："德国的名字将遗臭万年。谁还怀疑他们不是野蛮人？"原本亲德的和平主义者罗曼·罗兰（Romain Rolland）也不得不质问德国人："你们是歌德还是阿提拉的子孙？"

德国人被冠名"阿提拉"，是他们的皇帝造的孽。威廉二世曾号召参加八国联军的德国士兵向阿提拉麾下的匈奴人学习，宣称要让中国人在 1 000 年之内不敢睥睨德国人。后来，人们据此将他在不莱梅港发表的这篇演说称为"匈奴人演说"（Die Hunnenrede）。德国人怒不可遏，对"野蛮说"进行了猛烈反击，其反击方式则是令人耳目一新。德国天主教教师协会和德意志教师协会在其联合声明中指出，德国士兵全都上过国民学校，不可能做出野蛮行径；德国媒体对德国士兵的行军背囊津津乐道，说是里面可以没有剃须刀，但总有一本歌德的书，一本尼采的书如《查拉图斯特拉如是说》（俏皮的反战者卡尔·克劳斯 [Karl Kraus] 对《查拉图斯特拉如是说》的印数能否满足德军的需要表示质疑），或者一本《圣经》；由版画艺术家路易斯·奥本海姆（Louis Oppenheim）设计了一幅题为《我们是野蛮人？》的招贴画，拿德、英、法三国的文化"干货"来进行对比,结果是德国完胜,英、法完败;由93位来自文化界和学术界的领军人物联合署名的《告文明世界书》(*Aufruf an die Kulturwelt*)则指责英、法两国跨越了文明的底线:"那些与俄罗斯人和塞尔维亚人结盟的人,那些唆使蒙古人和黑人攻击白种人、从而在世人面前上演一幕可耻的戏剧的人,最无权力装扮欧洲文明的守护者。"换言之,充满文化和种族自豪感的德意志精英对英、法两国与落后的东欧国家及日本结盟嗤之以鼻,他们对于不远万里把有色人种从殖民地拉到欧洲战场做壮丁的做法更是义愤填膺。桑巴特声称自己战前"从未把日本人当作人来看",托马斯·曼质问英、法两国有什么权力"放出吉尔吉斯人、日本人、尼泊尔人、霍屯督人来攻击德国",坚定捍卫达尔文进化论的博物学家恩斯特·海克尔(Ernst Haeckel)认为英国动用"世界各地的低等有色人种"是"对白人种族的无耻背叛"。

在国际社会,德意志帝国因其军国主义而臭名昭著。人们纷纷对此进行谴责。1911年文学诺奖得主、比利时作家梅特林克(Maurice Maeterlinck)就说过:"德国的军国主义就像一株有毒的蘑菇,它将欧洲毒害了半个世纪,现在必须予以铲除。"主张客观、公正的英国外交大臣爱德华·格雷爵士(Edward Grey)则强调,协约国的战斗对象"不是德国文化,而是德国的军国主义"。德国的文化精英们对军国主义论作出的反应更加令人瞠目结舌。他们不仅坦承德国是一个军国主义国家,而且把军国主义定义为德意志民族性格和德意志美德，并斥责区分说"虚伪"。《告文明世界书》在其第六条声明中郑重宣告："如果没有德国的军国主义，德意志文化早就遭到摧毁。军国主义诞生于德意志文化，其使命就在于保护德意志文化，因为德意志文化诞生在一个几百年来饱受强盗滋扰的国家。德意志军队与德意志民族融为一体。"《告文明世界书》发表不到两周，普鲁士科学院主席维拉莫维茨 – 莫伦多夫（Ulrich von Wilamowitz-Moellendorff）又起草了一份《德意志帝国高校联合声明》(*Erklärung der Hochschullehrer des Deutschen Reiches*)，百分之八十的高校教师在签名者之列。该声明对"以英国为首的德国的敌人"表示愤慨，因为"他们声称为了我们的利益而让德国科学的精神与他们称之为普鲁士军国主义的东西对立起来"。上述两份声明发表之后，海外舆论一片哗然，但是其签署者在德国并不孤单，因为许许多多的德国同胞有着同样的思想，操着同样的语言。譬如，哲学家和神学家恩斯特·特洛尔奇把军国主义、君主制、勤奋、秩序感定义为德意志民族特性；托马斯·曼认为："只有在战争中，德国才充分绽放出美和美德。和平状态下的德国并不总是耐看"；桑巴特的定义更是高屋建瓴："军国主义就是'波茨坦和魏玛的完美统一'"；等等。

2

第一次世界大战以德国的战败告终。德国的知识精英们也随之输掉了笔杆子。他们拥护帝制,帝制垮了;他们反对西化,反对共和,战后的德国却建立了魏玛共和国;他们美化战争,把军国主义誉为德意志基因和德意志美德,战争却带来几百万、上千万人的死伤,死伤者的面貌凄惨而恐怖,而德意志战士也频频出现精神崩溃现象:第一次世界大战期间德军有20万个战争精神病患者和3 000个厌战自杀者(难怪卡尔·克劳斯倡议"缔结和平之后把讴歌战争的文人全部抓起来,然后在伤残军人面前狠狠鞭打一番");他们否认德军野蛮,德军却频频创下野蛮纪录,他们后来干的一些事情已令鲁汶事件和兰斯事件小巫见大巫:1915年4月22日,德军率先发起毒气战,毒气战造成交战双方91 000人死亡,130万人受伤;1915年5月7日,德国潜艇击沉英国皇家邮轮卢西塔尼亚号,夺走1 198条生命;德军率先发起无限制潜艇战,击沉大量民用商船……这些事情似乎不影响德国士兵阅读《浮士德》《查拉图斯特拉如是说》《圣经》,反之亦然。

第二次世界大战结束时,托马斯·曼对德意志历史悲剧作过如下概括:"德意志人因其不通世故的理想主义而犯下滔天大罪。"理想主义就是唯心主义,二者在德文里是同一个词"Idealismus"。中文的两种译法(理想主义,唯心主义)分别与德文概念的正面和负面内涵相呼应。德国人可谓成也唯心，败也唯心。由于唯心，他们创造了灿烂的思想文化；由于唯心，他们不通世故，不懂常理；由于唯心，他们最终犯下滔天大罪。托马斯·曼这句肺腑之言同样适用于第一次世界大战期间出现的各种唯心主义言论。可以说，1914的德国文化精英反对1789即法国大革命的理想，是因为他们看到了1789为资本主义鸣锣开道那一面，是因为他们看到资本主义带来的各种恶果，如物质主义、享乐主义、实用主义，还有世界的祛魅和人类生活的散文化；他们鼓吹战争，一是要归咎于他们的英雄情结和理想情结，二是因为他们无知，因为他们的经验和想象还停留在横刀立马的冷兵器时代，不知道一马当先、短兵相接的古典战争场面已是难得一见，现代战争意味着用机枪、大炮、坦克、毒气、潜艇实施大规模和远距离的屠杀（第一次世界大战恰恰为机械化和工业化战争开了先河）；他们觉得自己有文化修养就不会走向邪恶，这更是典型的德意志唯心主义和唯美主义偏见，其始作俑者就是教导人们从美走向善的席勒。颇有讽刺意味的是，第二次世界大战期间纳粹在距离德意志文化双雄歌德、席勒的魏玛故居不到8千米的地方修建了"榉树林"即布亨瓦尔德集中营。

第一次世界大战结束后，德国知识精英中间的许多人从历史现实中接受了教训，全部或者部分转变了思想和立场，接受了西化，走向了共和。特洛尔奇和托马斯·曼便是经典实例。但正如许多第一次世界大战军人相信"后院失火说"（因为直到宣布投降那一刻德国的土地上都没有外国的一兵一卒），不少知识精英依然笃信"德意志特殊道路"，所以魏玛共和国的知识界出现了大分化、大活跃、大混乱的局面。一些知识精英成为纳粹思想的开路先锋。德意志第三帝国崛起之后，德国的知识分子有人欢呼雀跃，有人离群索居，有人被迫出走。当托马斯·曼从大西洋彼岸宣告"我在何方，德意志文化就跟向何方"的时候，众多的德意志文化精英其实选择了跟随希特勒。

第二次世界大战之后，西方国家才跟德国人算精神总账，包括第一次世界大战的老账。英、美先在兰斯接受了纳粹德国的第一份战败投降书，随后与苏联在波茨坦发表联合公告，再后来又正式下令废除普鲁士建制并对原普鲁士邦领土进行肢解，彻底铲除了"波茨坦"的故乡。萧伯纳关于第一次世界大战有助于让德国"戒掉波茨坦"的预言在30年后才通过这种方式得以实现。与此同时，英、美在其占领区推行非纳粹化运动，随后又把新生的联邦德国纳入西方政治—经济体系。联邦德国创造的经济奇迹和长达40年的冷战历史让德国人在制度上、在思想上彻底融入了西方。从某种程度上讲，联邦德国的历史就是一部西化史，就是一部去德意志化的历史。

如今的德国，在政治、经济两方面引领欧陆、引领欧盟。尤其令人赞叹的是，1789的旗帜在如今的德意志大地迎风飘扬。联邦德国显示出高度的政治觉悟，涉及历史和政治的时候总是谨言慎行，甚至常常宁左勿右，对"德意志精神"这类词汇唯恐避之不及。两德统一后的柏林共和国比两德分裂时的波恩共和国更加顾忌邻里的感受，更加努力地淡化其德意志特征，所以总是言必称欧洲和欧盟。面对抗拒"历史潮流"、抗拒"普世价值"的1914的时候，2014年的德国人感觉这比1014还久远（当代哲学史家库尔特·弗拉施 [Kurt Flasch] 就是这种感觉）。

决心和1914一刀两断，这是当代德国人政治成熟的标志。但耐人寻味是，1914的笔杆子战士多半属于载入史册的思想大师、艺术大师、学术大师。今天的人们依然在捧读他们的书，依然在吸收他们的思想（我们中国人也在读者之列）。而最能得其真传的，恐怕还是他们的德意志子孙后代。否则，联邦德国为何独树一帜地带着"社会"思维搞市场经济？为何不遗余力地保护其绿色大地？为何在抵御资本主义的罪恶方面似乎比其他西方大国胜出一筹？同样耐人寻味是，联邦德国的知识精英们在回顾60年的文化成就时常常产生惆怅和纠结的情绪。这正如巴伐利亚艺术科学院前主席迪特·博希迈尔（Dieter Borchmeyer）2013年在北京大学的一场讲演中所说："我们在政治上成熟了，我们甚至变得很老练，但是我们不再有歌德和托马斯·曼，不再有康德和尼采，不再有贝多芬和瓦格纳……"

这种纠结和惆怅是不是很德意志？

二 德皇缘何变成匈奴王？
——德皇威廉二世的"匈奴人演说"

1

1900年春夏之交，在中国北方如火如荼的义和团运动让德皇威廉二世心系中国、烦躁不安。"匈奴人演说"是威廉二世在这个火热夏天的思想和情感的集中体现。

先简要交代一下事情的由来。6月18日，柏林方面接到有关北京使馆区被焚烧和德国公使克林德（Klemens Freiherr von Ketteler）被杀的电报。这是一则至今也让人感觉诡异的传言[1]，因为当时使馆区并未陷入火海，克林德则是两天之后即6月20日在东单牌楼被清军神机营霆字队枪八队章京恩海击毙的。获悉此消息后，威廉二世立刻下令为海军陆战队总动员做准备，并产生组建由志愿军组成的东亚远征军的想法。他在给比洛的电文中写道："必须将北

---

[1] Wilhelm II. In Selbstzeugnissen und Bilddokumenten. Dargestellt von Friedrich Hartau. Rowohlt 1978. S.61.

京夷为平地……我的部队必须为公使复仇。必须把北京铲平。"[1]7月2日,克林德被杀的消息最终得到确认,威廉二世急令帝国海军第一大队和第二大队(第三大队的军舰已经在中国水域行动)开赴中国,他本人当天就赶到威廉港送行。他在讲话中号召官兵"把德国国旗插到北京的城墙上,然后强迫中国接受和平"。[2]7月6日,帝国海军第一编队的第一师从基尔开赴中国。威廉二世登上弗里德里希·威廉选帝侯号旗舰发表演说,他声称:"不把中国打趴,不讨还所有的血债,我就寝食难安。"[3]7月27日,德皇威廉二世来到不莱梅港,为即将开赴中国的东亚远征军团送行。在参观负责运输远征军的三艘轮船——巴塔维亚号、德累斯顿号、哈勒号——并检阅整齐排列在劳埃德轮船公司大厦前的码头广场上的志愿军官兵之后,威廉二世背靠哈勒号战舰、面向全体官兵发表了演讲。倾听演讲的还有皇帝的随员(皇后奥古斯塔和几位王子、帝国首相霍亨洛厄 [Chlodwig zu Hohenlohe-Schillingsfürst] 侯爵、陆军大臣海因里希·冯·科斯勒 [Heinrich von Goßler]、外交国务秘书伯恩哈德·冯·比洛 [Bernhard Heinrich Karl Martin von Bülow] 侯爵)、劳埃德北德公司总经理海因里希·维甘德(Heinrich Wiegand)、大批

---

[1] Reden des Kaisers. Ansprachen, Predigten und Trinksprüche Wilhelm II. Herausgegeben von Ernst Johann. Deutscher Taschenbuch Verlag. München 1966. S.140.

[2] Friedrich Hartau, a.a.O., S.62.

[3] Reden des Kaisers, a.a.O., S.141.

报社记者以及约 2 000 名社会各界拥军人士。

　　这是一篇有煽动性的、现场效果极好的演说。一方面，皇帝陛下讲述德意志第二帝国的辉煌和使命，缅怀其祖父即威廉一世的丰功伟绩（他希望其臣民把威廉一世而非俾斯麦视为第二帝国缔造者），宣传普鲁士的优良传统和赫赫武功，同时提到德国军队在八国联军中的骄人表现。外国领袖之所以对德国军队表达"最高的赞赏"，一是因为他们在 6 月 17 日的大沽炮台攻陷战中表现神勇，二是因为他们在 6 月 21 日的一次交战中听从当时的联军司令西摩尔的指挥——"The Germans to the Front"[1]，以敢死队的架势为联军打头阵。据说，今天的德国人也没有忘记西摩尔这句话，而德国一些大城市的街道时至今日依然在讲述德国军队在大沽炮台攻陷战立下的"赫赫战功"，如位于柏林的达勒姆区（Dahlem）或者说柏林自由大学校区的"大沽街"（Takustraße）、"伊尔提斯大街"（Iltisstraße，伊尔提斯号战舰炮轰大沽炮台有功）、"兰斯大街"（Lansstraße，威廉·兰斯是伊尔提斯号的船长），以及位于科隆埃伦费尔德新区（Neu-Ehrenfeld）的同名的街道。

　　另一方面，皇帝陛下"义愤填膺"，谴责中国人犯下的"史无前例的罪行"。他还把中国人为恶的根源追溯到基督教文化的缺

---

[1] Dietlinde Wünsche. Feldpostbriefe aus China. Wahrnehmungs- und Deutungsmuster deutscher Soldaten zur Zeit des Boxeraufstandes 1900/1901. Ch. Links Verlag. Berlin 2008. S.120.

失。最后，他提醒远征军官兵别麻痹、别轻敌，号召他们勇猛杀敌，同时把基督教的种子播撒到中华大地。

威廉二世的演说使在场听众心潮澎湃，如痴如醉。对于远征军官兵而言，这是一篇"令人难忘"的演讲（有诸多士兵家书为证），记者们的报道也充满颂扬之声。然而，现场听众中也有人感觉不妙。据国务秘书比洛回忆说，威廉二世讲话的时候首相霍亨洛厄的脸越拉越长，他本人则赶紧给记者们打招呼，告诫他们不要擅自刊发皇帝陛下的演说稿，一定要以他亲自敲定的版本为准文稿（威廉二世是脱稿演说，所以需要借助速记变成文字）。他还说，威廉二世看到自己的删节版演讲稿之后还抱怨他"恰恰把最精彩的话删去了"。[1] 由于比洛的回忆录是在"一战"结束后撰写而成的，人们有理由怀疑他事后孔明并杜撰细节。但有一点是确凿无疑的：比洛给记者打了招呼，并对速记稿进行了删改，其删改重点就是第四段的最后几句话："格杀勿论！不收俘！你们逮住谁，谁就应该成为你们的刀下鬼！一千年前，埃策尔国王率领的匈奴人威震四方，在今天的传说与童话中，他们的故事读着依然令人胆寒；如今，你们要以自己的方式迫使中国人对德意志心生敬畏，使他们在千年之内再也不敢蔑视德国人。"这些话至少触犯了两重禁忌。第一，人类历史逐渐步入"文明时代"，"文明时代"对战争有"文明"要

---

[1] Reden des Kaisers, a.a.O., S.141.

求,1899年在荷兰海牙召开的国际和平大会似乎就是这一进步的体现。参会的二十六国通过了《陆战法规和惯例公约》和《日内瓦公约诸原则适用于海战的公约》等文件。由此,"格杀勿论"变得过时而野蛮。第二,有基督教信仰的欧洲人怎么可以师法以野蛮凶残著称的匈奴人?哪有让基督徒学习异教徒、让文明人学习野蛮人的道理?

有意思的是,比洛在威廉二世演讲的当天晚上就先后搞出两个版本:第一版对速记稿文字进行了大幅删减,然后用间接引语、综述形式公布演讲内容;几个小时后拿出的第二个版本则大幅扩充了文本篇幅,同时采用直接引语,也就是打上了引号。但是,与匈奴人相关的字眼仍然没有出现,"格杀勿论"的主体也变成了中国人。比洛做事谨慎并且有敏锐的政治嗅觉,他知道这类语言不宜登报,所以他煞费苦心,努力为皇帝陛下找补堵漏。可是,人算不如天算。尽管被打招呼的记者全都非常听话、非常规矩,全都采用了比洛钦定的演讲文本,但令比洛无法预料的是,有几个记者因为站在劳埃德大厦的雨棚倾听皇帝陛下演讲而没有听到来自上面的指令。其中包括在不莱梅港发行的《西北德意志报》的社长约瑟夫·迪岑(Josef Ditzen)。迪岑做了速记并对速记文字进行了润色,然后抢在当晚就全文刊发了威廉二世的演说稿。由于对皇帝陛下的演说稿十分欣赏,迪岑把当晚的《西北德意志报》给柏林方面寄了几百份,同时还往皇帝陛下的移动官邸霍亨索伦号游艇寄送了一大擦……比洛前功尽弃,全世界都知道威廉二世发表了一篇"匈奴人演说",威廉二世也将为此遗臭万年。

2

比洛在其回忆录中总结说,"匈奴人演说"是威廉二世发表的"最糟糕"和"最有害"的演说[1]。这话主要指这篇演说给威廉二世本人的形象、给德国的国家形象造成了严重损害:第一次世界大战爆发之后,英、法两国立刻把匈奴说变成了对付德国的宣传利器。对德战争被定义为文明对野蛮的战争,威廉二世被称为匈奴王阿提拉,德国人被斥为匈奴人、野蛮人。由此,德国在"一战"宣传战中一开始就陷入被动和不利。比洛是德国人,他自然从这个角度去理解"匈奴人演说"的"糟糕"和"有害"。如果站在中国人的角度看,"匈奴人演说"的最大危害则在于其"格杀勿论"的呼吁得到广泛而热烈的响应。士兵们不仅口口相传、津津乐道,而且给许多运兵车辆(包括火车和汽车)写上或者挂上"格杀勿论"的标语。而且,欧洲邻国似乎也纷纷对"格杀勿论"表示赞赏。法国外长泰奥菲勒·德尔卡塞(Théophile Delcassé)就说威廉二世的演讲

---

[1] Christopher Clark. Wilhelm II. Die Herrschaft des letzten Kaiser. Aus dem Englischen von Norbert Juraschitz. Deutsche Verlags-Anstalt 2008. S.225.

"给整个法国留下好得不能再好的印象"。[1] 结果，踏上中国土地的一些德国士兵因为将皇帝陛下的教导铭记在心而变得格外凶狠、格外残暴。而由于八国联军对义和团和清军的战争是一场彻底不对称的战争，是热兵器对冷兵器、是19—20世纪对中世纪乃至古代的战争，其凶狠残暴常常带有轻而易举和随心所欲的特征。尽管八国联军在对待中国人的问题上可谓大哥不说二哥，总体上是一样地凶狠残暴（个别德国士兵反映俄国人和日本人出手最凶狠），但一封又一封的德国军人战地书表明，皇帝陛下的号召给相当一部分德国士兵的暴行开了绿灯。试举三例：

例一："不管男人、女人还是儿童，只要对我们构成妨碍，我们一律宰杀。女人的惨叫撕心裂肺。但是皇帝命令我们：格杀勿论！我们都曾宣誓效忠和服从，我们信守誓言。"

例二："不收俘，就是说，如果收了俘虏，战斗一结束就统统枪毙。"

例三："我想知道那些正统派大佬对此有何评论：'格杀勿论！你们逮住谁，谁就应该成为你们的刀下鬼'，这说出了我们大家的心里话。"[2]

值得注意的是，由于德国人普遍关心东亚战事，帝国的报纸纷

---

[1] Christopher Clark. Wilhelm II. Die Herrschaft des letzten Kaiser. Aus dem Englischen von Norbert Juraschitz. Deutsche Verlags-Anstalt 2008. S.225.

[2] Dietlinde Wünsche, a.a.O., S.197.

纷刊载德国军人写自中国的书信，有的还开辟专栏进行连载。刊载的信件中间包括不少类似上面讲述甚至吹嘘各种血腥"战绩"的战地书。由于德国和欧洲媒体此前对清军尤其是义和团如何攻击和迫害西方人和基督徒做过大量报道，同时佐以诸多真真假假、虚虚实实的恐怖细节，所以义和团和清军的形象已被彻底丑化、妖魔化，中国人总体上被视为劣等和野蛮的民族（知道中国是文明古国的德国人只好抱怨中国人因为不会与时俱进而彻底堕落）。不少人甚至认为海牙和会通过的相关文件不适用于中国，因为中国不算"文明国家"，而且只是海牙和平会议的参会国而非签约国。因此，对于白纸黑字所呈现的德军暴行，人们普遍视而不见或者无动于衷，甚至暗地欣赏。好在当时的德国社会还存在一股有良心、有正义感、有国际主义情怀的政治力量——"社会民主党"。社会民主党不仅反对出兵中国，而且清楚地看到威廉二世的煽动性演讲所产生的灾难性后果。所以，社会民主党的机关报《前进报》大量刊载写自德国远征军士兵描写和炫耀其武功的战地书，并将这类信函统称为"匈奴人来信"。与此同时，社会民主党议员在帝国议会频频发难。奥古斯特·倍倍尔（August Bebel）不仅在议会发言中要求德国撤回远征军并分析出兵中国的帝国主义动机，他不仅要求把中国视为需要平等对待的国家，而且，为了揭露德军暴行，他朗诵了不少"匈奴人来信"的选段。由于社会民主党的大力宣传，"匈奴人"成为一个令人畏惧的标签，威廉二世的一些支持者和追随者由此陷入滑稽、狼狈和难堪的境地。新教神学家和政治家弗里德里希·瑙曼（Friedrich Naumann）——如今的弗里德里希·瑙曼基金会即以此公命名——就因为支持组建东亚远征军而得到"匈奴牧师"的绰号，陆军大臣科斯勒在帝国议会为威廉二世所做的辩解则演变为一出喜剧，成为大众笑柄。科斯勒在帝国议会的辩解如下："匈奴人这个词现在进入了社会民主党的各个报纸。该词来自皇帝在不莱梅港的一次讲话。但是遭到断章取义；我们只有把握了这篇讲话的整体思路才能赞同这样一种观点：现在出兵中国，也是为了报复蒙古人1 500年前在德国和欧洲犯下的暴行（哄堂大笑）。天网恢恢疏而不漏（哄堂大笑）。世界历史要看整体而不是细节（再度哄堂大笑）。"[1] 与此相映成趣的，是一位名叫阿图尔·朗勒特（Arthur Langlet）的远征军军官对义和团所作的评论：拳民是"一个革命阶级，可以跟社会民主党人进行比较"[2]。

3

作为中国人，我们可以从两个方面看待威廉二世的"匈奴人演说"。

---

[1] Reden des Kaisers, a.a.O., S.142.
[2] Dietlinde Wünsche, a.a.O., S.150.

一方面，我们要重视它，因为威廉二世在此吐露不少真言，尤其是对中国的看法。威廉二世对遥远的中国既垂涎三尺，又充满厌恶。他是一个充满强国梦的君主，立志要带领德意志民族走向世界、走向辉煌。德意志第二帝国蒸蒸日上的国力和威廉二世的勃勃雄心可谓交相辉映。德国是一个迟到的民族，由于老牌殖民大国处处抢先、占先，德意志第二帝国拓展其在阳光下的地盘的伟业变得比较艰难。于是，威廉二世把眼光投向遥远的东方，盯上了摇摇欲坠的大清帝国。1897年11月的巨野教案（两个德国传教士在山东巨野被当地的大刀会成员杀死）让威廉二世看到天赐良机，他立刻决定派舰队开往胶州。他为出兵决定陈述的理由是："成千上万的基督教徒听见德国皇帝的军舰驶进，他们就会如解倒悬；数以百计的德国商人得知德意志帝国终于在亚洲取得稳固地位，他们就会欢欣鼓舞；德意志帝国的铁拳打到千万个中国人的脖子上，他们就会胆战心惊……"[1] 由此，德意志第二帝国在中国就牢牢拥有了一块殖民统治地区，德国的铁路、德国的商社、德国的学校和医院在大清帝国迅速涌现。义和团事件则使他看到扩大在华利益和展现德意志帝国军威的良机。由于在华利益最多的英、俄两国在谁担任联军的问题上相互掣肘（从某种意义上

---

[1]《皇帝和他的宫廷——威廉二世与德意志帝国》，[英] 约翰·洛尔著，杨杰译，丁建弘校，北京大学出版社，2004年，第3页。

二 德皇缘何变成匈奴王?

讲八国联军就是八支相互提防相互掣肘的军队),而克林德的被杀又给了德国人一个道德筹码,所以德国人阿尔弗雷德·冯·瓦德西(Alfred Graf Von Waldersee)伯爵成为黑马,出任八国联军统帅。瓦德西从德意志帝国的"陆军元帅"变成"世界统帅",这自然使德意志帝国举国上下都觉得光彩。只是瓦德西到达中国的时候,北京城已被八国联军攻陷,八国联军几乎没有仗可打。而且,无论清军还是义和团,都不是威廉二世在其"匈奴人演说"中所描绘那种"势均力敌、装备精良"的敌人。瓦德西及其率领的德国东亚远征军普遍有独孤求败、壮志未酬的感觉。瓦德西甚至认为这种感觉"哪支军队都没有从将军到扛滑膛枪的士兵的德国远征军更强烈"。[1]

我们要认真对待"匈奴人演说"的又一原因,是威廉二世对中国天生没好感。他的恶感里面羼杂着文化和种族动机,他对白种人和基督教文化的优越深信不疑。他属于最早宣扬文明冲突、渲染东亚威胁的西方人(有论者说他多少受到英国种族主义理论家张伯伦的影响)。早在1895年,他就亲手描绘了一幅题为《欧洲各民族,保护好你们最神圣的财产》的素描,画的是保护欧洲国家的几位女神在天使长圣米迦勒提示之下,警惕地注视着由东向西逼近的一切:乌云、火光、骑着火龙的佛祖(他竟然把佛祖跟刀光剑影扯到

---

[1] Dietlinde Wünsche, a.a.O., S.142.

一起),女神们手持利剑、长矛、盾牌,在她们的天空中有一个光芒四射的十字架。众所周知,这幅素描后来由卡塞尔艺术学院教授赫尔曼·克纳科夫斯(Hermann Knackfuss)加工为油画,作为生日礼物送给了沙皇尼古拉二世,其复制品则按威廉二世的指令挂在德意志帝国的许多学校和政府部门。尽管"黄祸"一词1897年才分别出现在俄裔法国社会学家雅克·诺维科夫(Jacques Novicow)和英国作家马修·菲普斯·希尔(Matthew Phipps Shiell)的笔下——前者有同名论文、后者有同名系列小说,但威廉二世思想在先,其画作影响甚大,所以人们普遍把威廉二世视为黄祸论的始作俑者,《欧洲各民族,保护好你们最神圣的财产》也作为《黄祸图》而闻名于世。值得注意的是,《黄祸图》上所说的"神圣财产"就是基督教文化。威廉二世是一个常常把信仰挂在嘴边的基督徒。他说过,好的基督徒才能做好战士,他立志把德意志民族变成"祈祷者的民族"[1]。他在晚年之所以和纳粹保持一定距离,原因之一就是纳粹的无神论。他在一封家书中对纳粹带来的"新型异教文化"表示反感[2]。可以说,他对大清帝国怀有殖民贪欲是真,想在大清

---

[1] Wilhelm II. In Selbstzeugnissen und Bilddokumenten. Dargestellt von Friedrich Hartau. Rowohlt 1978. S.58.

[2] Eberhard Straub: Kaiser Wilhelm II. in der Politik seiner Zeit. Die Erfindung des Reiches aus dem Geist der Moderne. Herausgegeben von der Gesellschaft für Wilhelminische Studien e. V. Landt Verlag 2008. S.338.

帝国推广教化也不假。他在"匈奴人演说"的结尾谈论"愿主的祝福随帜而行"和"让基督教在中国的土地生根发芽",并不纯粹出于修辞动机。

另一方面,恰恰因为威廉二世号召其东亚远征军要让中国人"千年之内再也不敢蔑视德国人",我们可以把这种"匈奴人演说"视为"疯人演说"。威廉二世是一个说话不讲分寸、常常也不过脑子的国君。他脾气火暴,而且总是"顺我者昌、逆我者亡"。不管什么人,无论事情大小,只要招惹了他,他就口无遮拦,恶语相向。他骂过赫尔穆特·卡尔·贝恩哈特·冯·毛奇(Helmuth Karl Bernhard von Moltke)、俾斯麦这类帝国功勋大臣,也骂过他的家人和亲戚,包括他的英国妈妈和英国外婆即维多利亚女王,对于被他视为眼中钉、肉中刺的政治势力,他更是出言不逊。他骂帝国议会是"猪圈"[1];说天主教徒是"没有祖国的家伙"[2],还说他们跟法国人、斯拉夫人是一丘之貉,都跟普鲁士作对(天主教徒因为怀有英特纳雄奈尔的理想一直被质疑缺乏爱国心);他把犹太人称为"寄生在德国栎树上的剧毒蘑菇",还说他们跟蚊子一样有害,

---

[1]《皇帝和他的官廷——威廉二世与德意志帝国》,[英]约翰·洛尔著,杨杰译,丁建弘校,北京大学出版社,2004年,第5页。

[2] 同上。

最好"用瓦斯"消灭[1]；他告诫来自工人家庭的士兵，如果他命令他们朝那些跟社民党沆瀣一气的亲戚、兄弟乃至父母开枪，他们就必须毫不犹豫地开枪[2]；等等。物极必反。由于威廉二世的言辞如此激烈、如此出格，人们反倒觉出几分荒唐和滑稽，他也无可避免地沦为德意志第二帝国的头号笑料。所以，无数的讽刺杂志对他青眼有加（1906年度他是上讽刺杂志次数最多的德国人[3]），无数的作家和报刊编辑因此被控"大不敬"，相关的报刊接二连三地被查封。但最为滑稽和荒唐的是，这位大嘴巴皇帝总是让他的亲人、他的臣仆和爱国人士提心吊胆，因为他一开口就可能放炮，就可能损害国家利益。他们只好悄无声息地对其言论进行审查（"匈奴人演说"之所以诞生就是因为审查环节出现了技术漏洞）。据说，情况一度如此严重，以致帝国议会的各党派都做好对皇帝的言论直接进行审查的准备。中央党议员格奥尔格·冯·赫尔特林（Georg Friedrich Graf von Hertling）男爵还称之为"德国议会历史的一个里程碑"[4]。不过，最耐人寻味的，还是威廉二世的母亲1892年2月在他外婆面前对他所作的评论："每逢他想在公开场合发表演

---

[1]《皇帝和他的官廷——威廉二世与德意志帝国》，[英]约翰·洛尔著，杨杰译，丁建弘校，北京大学出版社，2004年，第266—267页。

[2] Friedrich Hartau, a.a.O., S.51

[3] Christopher Clark, a.a.O., S.219.

[4] Ebd., a.a.O., S.229.

讲,我都恨不得给他的嘴上挂一把锁。"[1] 总之,面对这样一个似乎永远"童言无忌"、一度让人怀疑有"精神病"[2]的德国皇帝,我们还能说什么?

---

[1] Christopher Clark, a.a.O., S.220.
[2] 《皇帝和他的宫廷——威廉二世与德意志帝国》,[英]约翰·洛尔著,杨杰译,丁建弘校,北京大学出版社,2004年,第23页。

三　永远的东方，永远的蛮邦
——德国视角中的德俄关系

德国和俄国是两个非常重要的国家。俄罗斯不仅地大物博，国土面积世界第一，还是文化大国、科技大国、军事大国。在苏联时代，它是与美国比肩而立的"超级大国"，多次影响乃至改变欧洲历史进程和历史版图。如今的俄罗斯，依然对世界产生广泛而深刻的影响。2022年开始的俄乌战争，不仅极大地影响了世界格局，而且让世界的未来充满了不确定性。俄罗斯的核武库依然让习惯于我行我素的美国十分忌惮。

德国是欧盟里面人口最多、经济实力最强的国家。在俄乌战争开打之前，德国与法国一道成功实现了对欧盟的"双王"统治，在欧盟内部可谓一言九鼎。人们普遍怀疑德意志第四帝国正在披着欧盟的外衣强势崛起。此外，德国又是传统的思想大国、文化大国、科技大国、军事大国，在历史上也多次影响乃至改变欧洲甚至世界历史的进程。

今天的德国与俄罗斯，是一衣带水的近邻。历史上它们曾是毗邻而居的陆上邻国。

三 永远的东方，永远的蛮邦

由于中国是俄罗斯的邻居，俄罗斯又是德国的近邻，俄罗斯就成为了"中"国，也就是位于中国和德国之间的"中间之国"。今天，如果坐飞机从北京穿越俄罗斯领空前往柏林，给人的感觉依然是飞出了俄罗斯就到了德国，虽然俄德之间还隔着波兰和波罗的海小国。

德俄关系必然要影响中俄关系和中德关系。前事不忘，后事之师。回顾一下德俄两国的交往史，应该有助于我们理解复杂多变的俄欧关系和俄德关系。作为一名德国研究者，我看问题的眼光免不了自西向东，所以需要在文章的副标题里强调是从德国视角看德俄关系。

本章由3个部分构成。一是对德俄两国的恩仇记进行简要回顾，二是对德俄关系史的特点略作分析，三是从德国视角对两国关系进行总结。

1

德俄两国交往的历史，是一部非同一般的恩仇记。两国彼此有过大恩，也彼此施加过大害。我们先看俄罗斯有恩于德国的6个史实。

第一，被称为彼得大帝的沙皇彼得一世帮助德意志邦国从瑞典手里收回大部分波罗的海沿岸城市和港口。发生在1700—1721年的大北方战争,是近代俄罗斯的一场立国之战。通过这场战争,沙俄打败了昔日的欧洲霸主瑞典,获得了波罗的海出海口,确立了其欧洲大国的地位。这场战争的一个副产品,就是替德意志人收复了失地。因为三十年战争(1618—1648)之后,德意志各邦在波罗的海出海口几乎全部落入称霸欧洲的瑞典手中。1719年签署的《斯德哥尔摩和约》确保了与彼得一世结盟的德意志邦国收复在波罗的海沿岸的港口和城市,如格赖福斯瓦尔德、斯德丁(如今是波兰的什切青)、施特拉尔松德。通过这场战争,彼得一世还跟德意志君主建立了个人友谊,如萨克森国王奥古斯特、普鲁士国王弗里德里希·威廉一世(Friedrich Wilhelm I)。他和后者有过7次会晤,二人之间还有颇为传奇的投桃报李的故事:彼得一世向弗里德里希·威廉一世赠送了一批高大挺拔的禁卫军战士,后者则回赠一座富丽堂皇的琥珀小屋(1716年11月)。琥珀小屋送到沙俄之后,成为家喻户晓的艺术瑰宝,后来被入侵苏联的纳粹军队抢回德国,放在东普鲁士首府柯尼斯堡的王宫展出。战争后期,在苏军逼近柯尼斯堡时,琥珀小屋被拆解装箱,不知转移何方,至今下落不明。

第二,在七年战争中,沙皇彼得三世拯救了普鲁士。发生在1756—1763年的七年战争,既是一场以普奥争霸为主导的德意志内战,又是一场欧战(英国和普鲁士对阵奥地利、俄罗斯、法国)。由于英国溜奸耍滑,被群殴的普鲁士危在旦夕,国王腓特烈二世

三　永远的东方，永远的蛮邦

山穷水尽，已经产生自杀念头。1762年，敌视腓特烈二世的女沙皇伊丽莎白逝世，彼得三世登基。这位新沙皇自小就崇拜腓特烈二世，所以他立刻宣布与普鲁士停战。尽管七年战争也是一场德意志内战，理论上讲，沙俄无论支持哪一方都不算支持德意志民族，但由于后来统一德国的是普鲁士，所以，沙俄救普鲁士就相当于救德国。有趣的是，纳粹德国在谋求与苏联发展友好关系时还刻意强调1762年是沙俄拯救了普鲁士。

第三，在拿破仑战争期间，沙皇亚历山大一世两次拯救普鲁士，拯救德国。1806年10月，法军在耶拿战役中打败普鲁士，迫使普鲁士王室从柏林逃往东普鲁士首都柯尼斯堡，并与法国签订丧权辱国的《提尔西特条约》。由此，德意志民族进入"三国演义"时代：普、奥双雄被打得一蹶不振，其余的德意志邦国则加入完全听命于法国的莱茵邦联。随后，拿破仑挥师一路向东。1807年6月，拿破仑在提尔西特与沙皇亚历山大一世举行和谈，建议法、俄平分普鲁士。亚历山大一世断然拒绝。倘若沙皇是另外一种态度，普鲁士就是第二个波兰。沙皇亚历山大一世第二次拯救德国，是在1813年。1812年冬，拿破仑指挥的远征军兵败沙俄，一路西逃。沙皇亚历山大一世率军乘胜追击，普、奥随即加入讨伐阵营。但是，当普、奥两国出自各自的算盘准备在莱茵河右岸鸣金收兵的时候，是亚历山大一世坚持乘胜追击，反法联军才得以渡过莱茵河，打到巴黎。倘若没有亚历山大一世的坚持，包括科隆、波恩在内的莱茵河左岸城市可能至今依然属于法国。要知道,普鲁士和奥地利先后在1795年4月5日签署的《巴塞尔和约》和1797年10月17日签署的《坎波福米奥和约》中承认法国对莱茵河左岸拥有主权。莱茵河由此成为法国人早就梦寐以求的德法"天然边界"。对于沙皇的功劳,德国人心知肚明。俾斯麦就曾说过:"普鲁士永远感谢他(亚历山大一世)。他本来可以在波兰边境班师回朝,缔结和约。"

第四,沙皇俄国为德国的统一之战提供了坚强后盾。众所周知,德国的统一是三场战争打出来的。决定性的一战自然是发生在1870—1871年的普法战争。战争期间,为防止4年前被普鲁士打败的奥地利偷袭普鲁士,沙俄亚历山大二世在位于奥地利边境的加利西亚陈兵30万,解除了普鲁士人的后顾之忧。有趣的是,尽管法国方面希望奥匈帝国动手,奥皇弗兰茨·约瑟夫(Franz Joseph)却郑重声明自己对普法战争持"一个德意志君主的立场"。他的意思是,血浓于水,德意志人不打德意志人。这一声明难能可贵,因为自三十年战争以来,普、奥两国一直在为称霸德意志进行较量,各自都有"里通外国"的记录(1648年的《威斯特伐利亚和约》把德意志各邦国之间的关系变成了国与国的关系)。坐镇维也纳的神圣罗马帝国皇帝约瑟夫就把普鲁士国王腓特烈二世称为"外国支持的反派皇帝"。

第五,苏联与德国在意大利缔结的《拉巴洛公约》(1922),打破了战后德国的外交孤立，为德国在经济、军事、外交领域的重新崛起创造了条件。德国不仅可以从苏联获得价廉物美的粮食、工业原材料和能源，而且可以在苏联秘密研发武器并训练军队。《拉巴洛公约》让《凡尔赛和约》制造的两个欧洲弃儿——苏维埃共和国和魏玛共和国——建立了互利互惠的关系。由于众所周知的原因，今天的联邦德国对于《拉巴洛公约》持全盘否定态度，认为这意味着与魔鬼结盟。但是对水深火热中的魏玛共和国而言，《拉巴洛公约》是一纸福音。

第六，1990年两德实现统一，苏联的态度起到关键作用。两德的分裂是第二次世界大战的结果。德国是否重新统一，既要看分别在西德和东德有驻军的美苏两个超级大国的态度，也要看德国的主要邻国的态度，但前者是关键。两德的统一是德国的邻国普遍不愿意看到的。法国作家弗朗索瓦·莫里亚克（François Mauriac）早就说过："我爱德国。我爱它爱得如此之深，以至我为同时存在两个德国而心满意足。"这句话被法国无数的仇德人士津津乐道。时任英国首相撒切尔夫人则说："我们已经两次打败德国。我们可不想第三次打败德国。"意大利又是什么态度呢？曾7次出任意大利总理的朱利奥·安德烈奥迪（Giulio Andreotti）的态度就很说明问题。他说过两句名言。一句是"我们必须压制泛日耳曼主义。世界上有两个德国，这种局面应该继续下去"。另一句跟莫里亚克异口同声："我们爱德国爱得如此之深，以至希望有两个德国同时存在。"

不过，德国能否重新统一，最终还要看华约首脑苏联的态度。如果军队驻扎在德国东部领土上的苏联不答应，德国绝无统一的可能。时任苏共总书记的戈尔巴乔夫恰恰对德亲善。他和德国总理赫尔穆特·科尔（Helmut Kohl）在他的家乡南高加索山区举行的峰会给德国统一一锤定音。对于渴望两德统一的德国人而言，戈尔巴乔夫是最大的恩人。直至今日，从官方到民间，德国人对戈尔巴乔夫充满好感和感激。

德俄互害，主要发生在20世纪的两次世界大战。德国两次挑起战争，两次都受到战争的反噬。

我们知道，第一次世界大战的大规模爆发，始于1914年8月1日德国对沙俄宣战。虽然此前已有奥匈帝国对塞尔维亚宣战，但如果德国不对支持塞尔维亚的沙俄宣战，战事不一定扩大。毕竟，英、法、俄在1907年就结成了协约国。第一次世界大战最终导致德国失去13%的领土和10%的人口。更为糟糕的是，它终结了德意志帝国空前绝后的辉煌：1913年的德国，不仅史上国土面积最大，而且在经济、科技、军事、文化等领域全面引领世界。根据修昔底德陷阱，第一次世界大战就是英国给德意志帝国挖的坑，所以英国是德国的克星。但从战术层面看，沙俄也是德国的克星。

第二次世界大战也是德国发动的。第二次世界大战中，纳粹德国的主要进攻目标是苏联，其四分之三的地面部队和大部分空军都投入了苏联战场。相应地，德国在苏联战场的损失是欧洲其他战场的 3—4 倍。这些硬核数据表明，苏联是打败纳粹德国的首要功臣。德国给苏联造成了无比惨重的损失，损失的人口就高达 2 700 万。反过来，苏联也让德国欠债还债。战后的德国，领土萎缩三分之一，丢失的土地多半用于抵偿苏联的损失（苏联先切割波兰东部领土，再让波兰切割德国东部领土）。西里西亚没了，东普鲁士丢了，柯尼斯堡变成了加里宁格勒，等等。德意志近千年的东进和东扩成果几乎重归于零。东部领土的丢失还造成人数达 1 200 万的难民潮。德国人自东向西逃亡，途中出现了一出又一出的惨剧，其中包括被苏联潜艇击沉、造成 9 400 人死亡的威廉·古斯特洛夫号海难（其惨烈程度远超泰坦尼克海难）。第二次世界大战还给德国留下 5 亿立方米的废墟。据好事者测算，如果用柏林的废墟产生的砖石修建一道 5 米高、30 米宽的城墙，这堵墙可以修到莱茵河畔的科隆。

概括起来，在过去的 300 年里，德俄两国可以说是交好 200 年，交恶 100 年。在总体上可以称为俄德亲善的 200 年中，一个有趣的现象值得我们关注：从 1762 年来自德意志的彼得三世成为俄国沙皇，到 1917 年沙皇制被废除，罗曼诺夫家族（及支系）共有 7 男 1 女一共 8 位君主统治过俄罗斯，他们全是德意志血统。而 7 位男沙皇中有 6 位迎娶德意志的公主为皇后，只有 1 位例外地娶了丹麦公主，而丹麦公主同样拥有德意志血统。就是说，在此期间，俄罗斯皇室不断在与德意志贵族联姻，沙俄皇族的身上流淌着德意志人的血液。德俄贵族联姻，是彼得一世开辟的传统。彼得一世是一位致力将俄罗斯全面西化的君主。他所推进的西化，包括皇室血统的西化。具体说，就是引入西方的贵族通婚制，要求沙俄皇室成员缔结门当户对的婚姻；要门当户对，只能与外国王室即西欧的王室通婚。由于英、法两国的贵族嫌沙俄土气、落后而且偏远，彼得一世只好把目光投向了既是近邻、又邦国林立的神圣罗马帝国。事实证明，彼得一世的策略是行之有效的。有德意志血统的男女沙皇们不仅致力于德俄友好，而且极大地拉近了沙俄与西欧文化的距离，加速了俄罗斯的西化进程。譬如，沙皇彼得三世为什么要搭救普鲁士国王腓特烈二世？因为他本来就是德意志人。他父亲是霍尔斯泰因公爵，他本人自小生活在德意志，俄语都是到了俄罗斯再慢慢学会的。再如，彼得三世的妻子叶卡捷琳娜（原名索菲），出生在斯德丁（如今是波兰的什切青）。当时的斯德丁是德意志的弹丸小国安哈尔特－泽布斯特公国的首府。她不仅为沙俄开疆拓土，而且发现这个国家过于地广人稀，所以她把大量的德意志人吸引到沙俄，这些德意志移民后来就成为故事甚多的伏尔加德国人。还有，亚历山大一世为何要帮助普鲁士国王？因为他的爷爷奶奶分别是彼得三世和叶卡捷琳娜大帝，都是纯种的德意志人。他的父亲保罗一世也有普鲁士情结，是腓特烈二世的崇拜者，他和父亲一脉相承。此外，他的妻子是巴登公国的公主路易丝·玛丽·奥古斯特。

2

德国的对俄关系一开始就存在两面性。

一方面,德俄之间自古以来就存在互通有无、互利互惠的双边关系。通常是德国向俄罗斯输送各类技术和人才,地广人稀、地大物博的沙俄则报以丰富的物产,广袤的沙俄土地成为德意志的冒险家的理想之地。德俄这种交往模式始于伊凡三世时期,也就是15世纪末。伊凡三世是第一个获得"全俄君主"称号的莫斯科大公。当时的莫斯科公国从德意志地区引进大量的建筑师、医师和各类匠人,包括做香肠的和制造火药的。德国人的火药不是给俄罗斯放鞭炮的,而是变成了俄罗斯保家卫国的武器:1521年,鞑靼人兵临莫斯科城下,是德意志的火药专家帮助沙俄人把鞑靼人阻挡在城门之外。至于香肠,它不仅成为俄罗斯人的一道美味,而且成为德国人的一个代名词。在托尔斯泰的《战争与和平》中我们可以看到,包括奥地利人在内的德意志人都被俄罗斯人戏称为"卖腊肠的家伙"甚至是"德国灌肠"。这种语言习俗延续至今。俄乌开战初期,乌克兰驻德大使出人意料地把德国总理朔尔茨称为"生气的猪肝肠"。其实,他想说的是:一个生气的德国人。及至近代,向西方取经的彼得一世把德国视为主要学习对象。他不仅鼓励俄罗斯的年轻人留学德国,还两次在德国与哲学家莱布尼茨会晤,请求莱布尼茨帮助俄罗斯建立科学院并制订现代法律。功夫不负有心人:

俄罗斯科学院的第一批院士共计111人，其中有67人是德国人。继彼得大帝之后，叶卡捷琳娜把沙俄的西化事业又推进了一步。她不仅深信"俄国属于欧洲"，还把沙俄贵族和知识分子直接引向了当时占据着欧洲文化高地的法兰西，法语由此成为沙俄贵族的通用语。但这并不妨碍德国成为沙俄人前往西方取经的第一站和主要的一站。一方输出人才与知识，一方输出原料与物产，俄德之间这种基本的交往模式一直维持到20世纪，不管两国的关系处于什么状态。

另一方面，决定德俄关系的还有德国人看俄罗斯的眼光。他们的眼光总是一半鄙视、一半觊觎。德国人鄙视俄罗斯，要从欧洲历史和欧洲文化大版图寻求解释。从文化起源看，两希文明发源并兴盛于南欧和西欧，欧洲自然出现了一条自南向北、自西向东的欧洲文化鄙视链。俄罗斯处于鄙视链的末端，德意志是二传手。从种族起源看，德意志和俄罗斯自古就分别属于毗邻而居的日耳曼民族和斯拉夫民族。在古罗马时代，日耳曼人、斯拉夫人、凯尔特人被并称为欧洲三大蛮族，其文明等级则各不相同。三者中间，凯尔特人受罗马文明影响最大，日耳曼人次之，斯拉夫人垫底。凯尔特人原本生活在莱茵河—多瑙河地区，后来被罗马人撵到法国西北部和英伦三岛（尤其是爱尔兰和苏格兰）。进入基督教时代后，日耳曼人全部皈依天主教，斯拉夫人的信仰则出现分裂：西斯拉夫的波兰皈依天主教，东斯拉夫人则皈依西里尔教士所传播的东正教，同时接受了西里尔教士所创造的字母。由于天主教的传教语言是拉丁语，东正教徒就把天主教徒称为"拉丁人"，早期的一些东正教贵族跟"拉丁人"握过手都要赶紧洗手。信奉东正教的斯拉夫人似乎天然具有优越感。当然，他们的底气来自宗教。谁让他们是东正教呢？但是，东斯拉夫地区在13世纪中叶被蒙古人所征服，基辅罗斯随之被毁。在随后的250年里，东斯拉夫人臣服于蒙古人建立的钦察汗国，西斯拉夫人则幸免于难，因为蒙古军队向西最远抵达莱格尼察（如今属于波兰）。这一段历史给东斯拉夫人的形象打上了永久的烙印，"鞑靼人""野蛮人""蒙古人""亚洲人"随之成为其永远的标签，其负面影响延续至今。需要补充的是，这里所说的"亚洲"，严格说来与我们无关。如果套用欧洲人的文化版图，就可以说，在东亚地区，北方蛮族之于汉人，犹如日耳曼蛮族之于罗马人。碰巧，罗马人也修"长城"。譬如在如今的中欧地区，罗马人修建了一条长约550千米、连接莱茵河与多瑙河的"长城"。这个由石墙、土墙、栅栏、壕沟组成的千里长城与莱茵河、多瑙河两道天堑一道共同阻挡和隔离日耳曼人。罗马"长城"和中国长城可谓异曲同工。

德意志觊觎斯拉夫地区，自然是因其广袤和富饶。"异教徒很糟糕，但是他们的土地盛产肉类、蜂蜜、面粉……"这是在中世纪参加十字军东征的基督徒中间广为传颂的一句口号。来自德意志地区的条顿骑士团在12—13世纪大举东征，一路攻城略地。1226年，神圣罗马帝国皇帝腓特烈二世将条顿骑士团征服的古普鲁士地区作为封地赠与条顿骑士团。由于条顿骑士团实行残暴的三光政策,"普鲁士所剩下的,只是一个地名"。但这并不影响普鲁士成为德意志帝国的龙兴之地,德意志帝国的国旗图案和色彩也是从条顿骑士团的服饰演化而来的。

不言而喻,一路东征的条顿骑士团迟早要面对生活在东斯拉夫地区的罗斯人。1242年的楚德湖战役就是德意志和斯拉夫的第一次正面交锋。结果,德意志战败。指挥斯拉夫联军的亚历山大·涅夫斯基成为俄罗斯历史上首屈一指的民族英雄,以他命名的英雄奖章一直颁发到苏联卫国战争时期。楚德湖战役对俄罗斯人的意义,堪比发生在条顿堡森林的赫尔曼战役对德国人的意义。赫尔曼战役使日耳曼人摆脱了被罗马帝国征服和同化的命运,楚德湖战役则避免了东斯拉夫人被纳入罗马天主教体系。楚德湖战役之后,德意志人和东斯拉夫人毗邻而居。难怪旧版德国国歌即《德意志之歌》要讴歌"从马斯河到梅梅尔河"的德国疆界。发源于法国的马斯河,如今只是流经比利时、荷兰,然后汇入北海,与德国不沾边,梅梅尔河则流淌在今天的立陶宛境内。楚德湖战役之后的几百年里,德俄之间不仅相安无事,而且有着频繁的人员和贸易往来。由德意志北部城市组建的商业、政治和军事联盟汉萨同盟大力促进对俄贸易,把波罗的海变成一条海上丝绸之路,西抵伦敦,东连俄罗斯西北古城诺夫哥罗德,把海上贸易搞得红红火火。如今德国最大的航空公司取名空中汉萨（Lufthansa），就是为了纪念昔日的德意志海上丝绸之路。

3

德俄交恶始于19世纪末。这既有地缘政治原因，更有思想和意识形态原因。德国的仇俄思想大都兴盛于19世纪，大致有如下几种来历。

首先，以歌德为代表的德意志文化保守派从来都是向西看、向南看。这是前述的欧洲文化版图决定的。南欧和西欧是欧洲文化的发源地和核心区。歌德眼中的理想国，是四处有古代艺术遗迹和盛开的柠檬树花的意大利。斯拉夫地区自然不入他的法眼。他去西里西亚山区旅游时遇见的斯拉夫人，给他的感觉就是愚昧无知、远离文明。俄军解放魏玛时，他不仅没有被解放的感觉，反倒闷闷不乐，因为他"再也看不见法国人，再也看不见意大利人了"，现在出现在他眼前的都是"哥萨克人、巴什基尔人、克罗地亚人、马扎尔人、卡休培人、撒姆兰人，棕色的和其他肤色的骠骑兵"。一百年后，歌德式的文化和种族傲慢在一篇重要的历史文献中爆发出来：1914年10月4日，德意志第二帝国的各大报纸都刊载了一篇题为《告文明世界书》的联合宣言，署名者是93位来自德奥艺术界和学术界最知名的人士。他们在这份写给敌对国英国和法国的知识界的檄文里声称,英国人和法国人没有资格自称是欧洲文明的捍卫者,因为他们可以堕落到与俄罗斯人和塞尔维亚人结盟。

其次,德国的左派知识分子和革命人士普遍仇俄。这主要指后歌德时代的文学青年,尤其是青年德意志人。他们仇恨沙皇建立和主导的神圣同盟。一方面,神圣同盟让德国在政治上出现复辟和倒退。神圣同盟的出现,让越来越多的人意识到,所谓的"解放战争"其实是把德国打回了"解放前"。被打走的拿破仑军队实际上是先进思想和先进制度的播种机,而抗法战争所唤醒的民族意识开始聚焦德意志的统一,而神圣同盟旨在维持现状,包括邦国林立的德意志现状。另一方面,方兴未艾的欧洲社会主义运动的领导人开启了反俄主旋律。马克思在1848年就指出:"西欧的工人政党不得不与俄国沙皇政府做殊死战。"几十年后恩格斯又指出:"沙皇帝国是欧洲反动势力的主要堡垒、后备阵地和后备军。"马克思恩格斯的思想决定了代表德国工人阶级的政党"社会民主党"的对俄态度。著名的社会主义者、德国社会民主党的创始人之一奥古斯特·倍倍尔说过:如果敌人是俄罗斯,他很乐意"扛枪打仗"。更为重要的是,"一战"开战前,一向拥护和平、反对战争、以建立全世界无产者大联盟为宗旨的社会民主党人在帝国议会就关键的战争贷款问题进行表决时投下了关键的赞成票。他们的理由是:要借助这场战争打倒沙俄的专制统治。

最后,在德意志帝国后期,制订外交政策的右翼政治精英们

三 永远的东方，永远的蛮邦

多半敌视俄罗斯。俾斯麦任宰相期间，俄德关系十分密切。俾斯麦不仅是一个擅于搞均衡的战略家，帝国成立初期他还组建过旨在让德、奥、俄结盟的三皇同盟。他原本就是亲俄派，因为他做过驻俄大使，也惦记着昔日俄罗斯对普鲁士的搭救之恩。当他发现英国和奥地利与沙俄之间出现不可调和的矛盾之后，他明确表示德意志帝国"拒绝做英、奥的对俄攻击犬"。俾斯麦下台后，仇俄、反俄很快就变成德意志帝国对俄政策的主旋律。出任八国联军总司令之前曾任德军总参谋长的阿尔弗雷德·冯·瓦德西伯爵认为俄德必有一战，对俄应采取先发制人的策略；帝国首相彪罗要求"以第聂伯河划分德俄边界"（纳粹德国外长里宾特洛甫 [Ulrich Friedrich Wilhelm Joachim von Ribbentrop] 在1943年6月举行的德苏谈判中依然把以第聂伯河划界作为停战条件提出来）；帝国首相霍尔韦格（Theobald von Bethmann-Hollweg）大谈"斯拉夫的危险"，德皇威廉二世则断言日耳曼人和斯拉夫人之间将有一次种族决战。由于上述原因，俄德关系在帝国后期持续恶化。最后，两国在"一战"中兵戎相见。耐人寻味的是，当时德俄两国的经济互补性和依存度都很高，两国互为最大贸易伙伴，而且贸易结构一如既往：德国对俄出口技术和工业品，同时从俄国进口粮食、牲畜和工业原料。此外，19世纪的俄罗斯已在科技和文化领域异军突起，涌现出一大批享誉世界的科学家、文学家、音乐家、艺术家，德、奥两国的文化青年中间已有不少俄罗斯文化的崇拜者

(如里尔克和托马斯·曼)。

1919年的巴黎和会把昔日的交战国德国和俄国变成了难兄难弟。前者受到战胜国的无情打压,后者干脆被排除在西方世界之外。在此背景下,新生的魏玛共和国和新成立的苏维埃俄国在意大利热那亚附近签订了互利互惠的《拉巴洛条约》。签约后,两国随即展开大规模的工业、贸易和秘密军事合作。这种合作持续到纳粹上台之后若干年。与此同时,仇俄思潮和仇俄势力在德国继续蔓延和壮大。代表德国签署《拉巴洛条约》的外长拉特瑙(Walther Rathenau)很快在柏林遇刺就是一个明确的反苏信号。更为糟糕的是,"一战"之后德国的仇俄思潮还增添了新的动力和源泉。这主要归咎如下几个因素:

第一,第一次世界大战之后,欧洲知识界出现了声势浩大的泛欧运动。泛欧运动追求欧洲的一体化(今天的欧盟可谓把泛欧理想变成了现实),在德国的知识和政治精英中间有不少的拥护者。泛欧运动的发起人是奥地利人库登霍夫-卡莱基(Coudenhove-Kalergi),他坚决主张把俄罗斯排除在外。这是诸多泛欧运动人士的共同想法。

第二,十月革命之后,俄罗斯在意识形态上与西方彻底对立。德国的右翼政治家普遍把苏俄视为眼中钉、肉中刺。希特勒既反犹又反俄又反共,他还坚信布尔什维克是犹太人的发明,所以他上台之后很快就制订了反俄、反共、反犹的三合一对苏战略。

第三，在希特勒和纳粹高层看来，广袤的斯拉夫土地是第三帝国志在必得的生存空间，所以纳粹官方一开始就向民众灌输这一理念。我们在身为法学家和历史学家的本哈德·施林克（Bernhard Schlink）的小说《奥尔加》（*Olga*）[1]中看到，一个称"德国的生存空间位于梅梅尔河和乌拉尔山脉之间"的青年纳粹的最大梦想，就是策马驰骋在广袤的斯拉夫原野，"把斯拉夫人的苦难变成德意志的辉煌"。纳粹德国还把埋葬着东法兰克国王亨利一世的奎德林堡变成了朝圣之地。1936 年，纳粹德国在奎德林堡为逝世 1 000 年的亨利一世举行了盛况空前的纪念仪式。亨利一世在德国历史上有着极其特殊的地位。他极大地促进了德意志几大部落——阿雷曼、巴伐利亚、法兰克、图林根、萨克森、弗里斯兰——的一体化和德意志民族化的进程。他还是奥托一世的父亲，被称为奥托大帝的奥托一世则是神圣罗马帝国的开国君主。同样重要的是，亨利一世是德意志东进意志的象征，因为他成功地抵御了马扎尔人在东部边疆的骚扰和入侵，并史无前例地侵袭了易北河以东的斯拉夫地区。

第四，俄罗斯被彻底"亚洲化"了。纳粹德国把俄罗斯视为"亚洲"，把斯拉夫人视为"低等人种"。1943 年，海因里希·路易波德·希姆莱（Heinrich Luitpold Himmler）在党卫军的一次高层

---

[1] 中译本的标题是《你的奥尔加》。

会议中明确指出，东欧人都是雅利安人的奴隶。纳粹对东欧民族的剥削和镇压手段之残酷，已近于种族灭绝。我们在君特·格拉斯（Günter Grass）的中篇小说《蟹行》（Im Krebsgang）中也能看到纳粹如何进行反苏宣传："如果不筑起一道抵御亚洲洪水的堤坝，这种恐怖就会永远威胁整个的欧洲……"

第二次世界大战后，德国一分为二，东德属于苏联领导的华约，东德与苏联自然是兄弟加友谊；西德属于美国领导的北约，与苏联处于敌视和对立状态。值得注意的是，阿登纳政府不仅敌视苏联，而且继承了蔑视斯拉夫的传统。苏联红军被称为"蒙古兵痞"；格拉斯的小说《蟹行》中的新纳粹在谈起苏军在德国糟蹋妇女的罪恶时，不是谴责糟蹋妇女这一罪恶本身，而是强调德国妇女"遭到克尔梅克人、鞑靼人、蒙古人的奸污……"格拉斯的《蟹行》还提到20世纪50年代基民盟为彰显其反苏立场，在竞选广告展示了一个具有亚洲特征的贪婪的庞然大物。此外，康拉德·阿登纳（Konrad Adenauer）本人也有一句名言："易北河以东就是一望无际的亚洲大草原。"阿登纳所说的大草原，不是令人赏心悦目的风景线，而是令人厌恶的蛮荒之地。因此，他坐火车去柏林的时候总是过了易北河就拉下窗帘——眼不见心不烦。阿登纳厌恶易北河是有历史原因的：在法兰克王国初期，易北河是基督教和非基督教的分界线，易北河以东地区（包括托马斯·曼的故乡吕贝克）是斯拉夫人的栖居地；第二次世界大战末期，美苏军队在易北河胜利会师,美军来自河西,苏军来自河东。

后来,当社会民主党开启了对俄友好的政策的时候,对俄国的"去亚洲化"便成为新东方政策的前提。接任维利·勃兰特(Willy Brandt)联邦德国总理职位的赫尔穆特·施密特(Helmut Schmidt)比勃兰特还要亲俄。他强调俄罗斯属于欧洲。他说过一句名言:"华沙、布达佩斯、莫斯科,这是欧洲城市……历史上的欧洲包括罗马和拜占庭、牛津和扎戈尔斯克/谢尔盖耶夫镇。"施密特还主张对俄友好先于对华友好。在中苏交恶的时代,他向勃列日涅夫保证过不向中国出售武器。

但是,俄罗斯终究没有摘掉"亚洲"的帽子。1986—1987年间,德国史学界爆发了一场史称"史学家之争"的激烈争论。那场争论始于一些历史学家的——借用哈贝马斯的说法——"修正主义"倾向。为了摆脱让德国人永世不得翻身的屠犹孤本论,他们不仅把纳粹德国对犹太人的大屠杀称为"亚洲人的行径",而且声称这是对作为"亚洲人行径"的古拉格的模仿和回应,是希特勒担心自己成为"亚洲人行径"的牺牲品而作出的反应。这意思就是:苏联的古拉格是原创,纳粹屠犹是模仿和回应。这些史学家的确用心良苦。所谓屠犹孤本论,就是认定纳粹屠犹是人类已知的集体犯罪中最严重和独一无二的罪行的理论。根据该理论,纳粹屠犹不是一般的杀人问题,也不是一般意义上的种族灭绝,而是有预谋、有组织的工业化屠杀。史学家之争未能推翻孤本论,却再次凸显了苏联/

俄罗斯的"亚洲"特征。

两德统一之后，德国和俄罗斯再度步入蜜月期。德国重新统一以来的三任总理——科尔、施罗德和默克尔——和现任总统施泰因迈尔（Frank-Walter Steinmeier）都属于亲俄派。但是，2022年2月爆发的俄乌战争改变了一切……

4

纵览历史，可以看出德国的对俄关系具有两面性、摇摆性和不时出现的攻击性。这种关系是由如下几个因素决定的：

第一，是彼此的国情和地缘政治。德俄是近邻，德国既是夹在东、西方之间的中间之国，又是欧洲文化输送链上的二传手。德国看俄国，免不了居高临下，与此同时，俄罗斯的广袤土地和丰富物产又是抵挡不住的诱惑。截至俄乌开战，德俄贸易和交往模式跟过去几百年没有什么不同。

第二，较以往不同的是，今天的德俄关系严重受制于美国。美国在德国驻军，不仅是要防止德国再度军事称霸，还要防止德俄携手。负责制订战后欧洲政策的美国国务卿迪安·古德哈姆·艾奇逊（Dean Gooderham Acheson）就曾直白地讲过，美国驻军是为了防止再出现一个"里宾特洛甫—莫洛托夫协议"，也就是纳粹德国和苏联在1939年8月23日签署的《苏德互不侵犯条约》。众所周知，夹在德俄之间的波兰，在近代历史上曾多次被两边的邻居联手瓜分。

第三，德国人具有唯心主义传统，容易走向政治挂帅，误判现实就不可避免。世纪之交，德国人普遍认为，"北极熊和公鸡"（俄国和法国）不可能结盟，"鲸鱼和北极熊"（英国和俄国）不可能结盟。结果，他们傻眼了，很快陷入英、法、俄三家组成的包围圈。第二次世界大战之前，希特勒陷入自己的种族妄念和意识形态偏执，认定英美不可能与苏联结盟，深信英美需要德国反共反俄。最后却是英美与苏联联手，把德国打成了废墟。

借古喻今，适可而止。今天的德国与昔日的德国有一个根本的不同。如今，德国既是欧盟的核心，又是美国的学生和盟友，其对外政策不可能做到独立自主，处理德俄关系时更是如此。但有一点是毋庸置疑的：历史上的德俄关系不仅印证了合则两利、斗则两伤这一国际关系中的常见规律，德俄两国的互利与互害的程度也罕见。对于昔日的德国人，俄罗斯一方面是永远的东方，寄托着古老的德意志梦想。同时，他们永远把俄罗斯视为永远的蛮邦，俄罗斯是他们鄙视的对象。

今天的德国是否还是这种二元心态？这个问题值得大家思考。

四　是默婶演讲，还是夫子自道？
——从一篇虚构的默克尔演讲走红网络说起

1

2018年12月7日—8日，德国的执政党基督教民主联盟（简称：基民盟）在汉堡召开第31届党代会。默克尔在会上正式卸任基民盟党主席一职。由于她在不久前宣布将在3年之后即2021年卸任总理一职，本次基民盟党代会相当于预告了默克尔时代即将终结。

在中国，默克尔的辞职决定几乎在第一时间就变得路人皆知。中国国家电视台中央电视一台在12月8日清晨就对前一天的基民盟党代会进行了报道，同时对默克尔的政治生涯做了客观而友好的评论。央视报道的结尾还播放了默克尔宣布辞职和发表告别演说的原声视频片段，相关画面配有中文字幕。

12月8日，一篇题为《我的命运与德国的未来》的文章出现在中文网络。该文被标记为默克尔的告别演说，并以"'铁娘子'面对柏林墙，泪流满面的告别演说"等大同小异的标题发布在各种微信账号上。文章可谓图文并茂,配了好几张与文字内容相呼应的照片,如柏林墙,如默克尔在 G7 峰会上"率众围攻"特朗普,更多的则是默克尔本人表情凝重、充满疑问或者沮丧的单人照。这篇大约 4 000 字的网络文章获得巨大的成功。例如,在一个微信账号上,这篇文章被点击超过 12 万次,点赞超过 1 万次;在另一个微信账号上,这篇文章被点击超过 10 万次,点赞超过 7 000 次。最终,其阅读次数超过 100 万。

但是人们很快发现,这篇所谓的默克尔告别演说是虚构的,是一条假新闻。中国的多家主要媒体都指出了这一点,如搜狐网(中国访问量最大的门户网站之一)和新浪网(同样是中国访问量最大的门户网站之一,访问量位居世界第 16 位),如《新京报》和《参考消息》等大型日报,前者的发行量约为 40 万份,后者发行量约为 300 万份,而且只授权发表外国媒体翻译成中文的未删节文章。这些主要媒体都刊载了不同背景的德国问题研究专家对那篇虚构的默克尔讲话的分析和评论。一方面专家们指出,这篇演讲稿纯属捏造,而且水平不高,因为默克尔绝不会发表这样一篇演讲。另一方面,专家们又对它相当地宽容。《参考消息》驻柏林记者在其报发表长篇评论。他发现,这篇虚构文字的影响力几乎超过了近年来严肃媒体发表的所有关于德国政治的报道,他也很想知道原因何在,是我们的驻外记者做得不够,还是严肃媒体与随意发挥的自媒体相比天然缺乏竞争力。《参考消息》还采访了一位在波恩任教的华裔政治学教授。这位教授虽然说该文"纯属虚构，不值一提"，但最后还是建议"本着多元宽容的精神，就把此文当作一篇奇葩来看待吧"。[1]《新京报》的相关评论也显得很宽容，甚至有点为它进行开脱的意思："尽管默克尔'告别演讲'已被证伪，我们也对这种假新闻持批评态度，但它的'诞生'以及广泛传播，还是从一个侧面反映出默克尔在中国社会较高的认可度。"[2]

2

这篇虚构的默克尔演讲到底讲了什么？是什么吸引了众多中国人？

这篇演讲号称是默克尔在"哽咽控诉"中留下的政治遗嘱。既然是噙泪讲述，默克尔讲述的自然是自己遭遇的挫折和失败。环顾世界，她看不到哪里有未来。在德国，"民粹主义"正在焚烧，蒙蔽了许多人的眼睛；欧盟深陷危机，失望的英国想要退出欧盟；美国并不愿意看见一个团结而强大的欧洲，也不愿意看见一个团结而

---

[1] 假的！刷爆朋友圈的"默克尔演讲"的真相_网易订阅（163.com），https://www.163.com/dy/article/E366BP3I05149EKP.html，2024.8。

[2] 伪告别演讲打住！默克尔才不会那样自我"贴金" | 新京报专栏 (baidu.com)，https://baijiahao.baidu.com/s?id=1620101015239935029&wfr=spider&for=pc，2024.8。

强大的德国。因此,她未能实现 2005 年当选首位联邦女总理的时候给自己定下的目标。最重要的是,她对德国的未来深感忧虑,因为德国仍然背负着沉重的历史包袱,德国远非正常国家,也无法像一个正常国家那样行动。这一点最令她痛心疾首。

她承认自己取得了很多成就。在她的领导下,德国经历了自冷战结束以来最长的经济增长期;她让德国在西方国家中率先摆脱国际金融危机,同时让欧债危机的影响降到最低;她本人为乌克兰危机和伊核危机的解决也发挥了重要作用。她同时承认,这些成就给她个人带来巨大的声誉。"全球最具影响力人物""全球最有权力人物""全球年度风云人物"等荣誉称号纷至沓来。[1] 她多次荣登美国《时代》周刊和《福布斯》等最负盛名的国际杂志的封面,她的照片"贴满了全世界"。

尽管有众多的荣誉和光环,默克尔依然保持着清醒的头脑和敏锐的洞察力。回首往事,她只能黯然神伤。想当初,当法国、德国、俄罗斯和乌克兰四国元首齐聚白俄罗斯首都明斯克、讨论如何解决乌克兰危机的时候,德国提出的解决方案被各方认为最具建设性,进而为各方所采纳,于是就有了《明斯克协议》,实现了乌东地区的停火。然而,德国并未因其在克服乌克兰危机中发挥的积极

---

[1] 在 2015 年 11 月 4 日的《福布斯》杂志全球最有权力人物排行榜上,默克尔名列第二位,2016 年 6 月,默克尔荣登《福布斯》2016 年度全球最具影响力 100 名女性的榜首。美国《时代》周刊则在 2015 年 12 月将默克尔评选为年度人物。

作用得到回报。相反，美国在德国又新增20枚核弹。美国人丝毫不考虑德国人的感受，也不考虑联邦议院在2010年3月以绝大多数票通过的决议。根据该决议，美国应该将其部署在德国境内的核武器全部撤走。这不是一个孤立的事件。它凸显了一个可悲的事实：半个多世纪以来，德国人一直是一个跪在地上的民族。有人不想让德国人实现他们通过国歌表达的愿望和理想，即"统一、主权与自由"，还有"德意志祖国的繁荣昌盛"。有人认为，德国人跪得不够；也有人认为，德国人根本不该跪。一者想挑起德国的"民粹主义"，一者想借挑起的"民粹主义"之名，再次将德国打入第二次世界大战后的那道柏林墙。但历史经验告诉她，对于德国，没有什么比民族主义更具破坏性。因此，她与埃马纽埃尔·马克龙（Emmanuel Macron）共同出席第一次世界大战结束100周年的纪念活动时，她就告诫世人要警惕方兴未艾的新民族主义思潮，要警惕民族主义对世界和平的威胁。

现在她违背了执政党主席与总理职位永不分离的诺言，因为身为联邦总理的她，不再寻求连任基民盟党主席。她开始退出政治舞台。这与其说是因为她在处理2015年难民危机时铸下大错，不如说是因为2014年中国国家主席习近平到访柏林时她赠送给习主席的礼物：一张"大清地图"。难道这不是霸权主义？她随即追问：这又何错之有，难道一辈子都要将中国困于囚笼之中，这是霸权主义的做法。

四 是默婶演讲，还是夫子自道？

这位虚构的默克尔奉行对华友好政策，所以，她不仅赞扬英国人的远见卓识，赞扬他们在西方国家中率先加入亚洲基础设施投资银行，她还提议中、德、英、法四国领导人在 2018 年 12 月 1 日布宜诺斯艾利斯举行的 G20 峰会上讨论共同的未来。她甚至主张欧盟解除对华武器禁运，并与中国开展太空合作。与此同时，她对美国持批评立场。所以，她提到美国政府近期的斑斑劣迹。譬如，在解决乌克兰危机期间，美国国务院负责欧洲事务的助理国务卿维多利亚·纽兰（Victoria Nuland）在与美国驻基辅大使的电话交谈中对欧盟大爆粗口（"去他妈的欧盟"），再譬如，美国退出由美国总统罗纳德·威尔逊·里根（Ronald Wilson Reagan）和苏联领导人米哈伊尔·戈尔巴乔夫（Mikhail Gorbachev）于 1987 年 12 月 8 日在华盛顿签署《苏联和美国消除两国中程和中短程导弹条约》。还有，美国退出了伊核协议。默克尔认为，美国这两次退群所针对的都不仅仅是伊朗或俄罗斯。

这位默克尔希望看到一个强大而独立的欧洲，因此她对英国首相特雷莎·玛丽·梅（Theresa Mary May）、法国总统埃马纽埃尔·马克龙赞美有加。她把呼吁建立欧洲军的马克龙誉为"冉冉升起的欧洲新星"。她认为，在欧洲事务上，这位年轻的法国总统比任何人都更加了解和支持自己的立场，正在淡出政坛的她对此深感欣慰。她对被中国人亲切地称为梅姨的英国首相特蕾莎·玛丽·梅充满同情，因为特蕾莎·玛丽·梅已多次在英国下院遭遇嘘声，因为英国人对她在脱欧谈判中的表现极为不满。尽管英国与欧盟在脱欧协议上存在重大分歧,但只要有可能,默克尔都会尽力支持梅。

默克尔最强烈、最深沉的感情,不言而喻奉献给了她深深爱戴的德国。德国所背负的沉重的历史包袱让她难以大声表白自己的爱国情感。她在演讲的开头不得不引用女诗人乌拉·哈恩(Ulla Hahn)[1]的诗歌《命中注定》来表达自己的情感纠结和压抑:"我多么地渴望呼叫你的名字,又是多么地害怕唤出你的恶名。"她渴望呼唤和她害怕呼唤的,是同一个对象——她的德意志祖国!在演讲的最后,她还充满悲愤地表达了对德国的爱:"我深知,全盘托出之后,我的命运也更加变化无常。我终于可以卸下多年来的沉重包袱,将左右不是的压抑情绪,大声地淋漓尽致地释放出来,我所深爱着的德意志祖国。"

3

有记者经过多方努力也未能核实这篇虚构的演讲稿的作者是何方神圣,我们只好称之为无名氏。对于这位无名氏,我们可以做两点评论。一方面,他既不是搞政治学的,也不是做德国文学的,甚至很有可能没受过高等教育。因为这篇文章既没有严谨的思维,也

---

[1] 乌拉·哈恩(1945—),德国女诗人,小说家。

没有什么专业知识，连自己所使用的一些基本概念都似是而非，如"法西斯民粹主义"之类。另一方面，他善于抒情，也很会拉扯。更为重要的是，他关心时政，熟悉大众心理。对于他的写作，我们可以作如下点评。

第一，这是一篇花里胡哨的文字。文中的默克尔所使用的语言形象生动、感情充沛，间或激情澎湃。默克尔的文学造诣也看似甚高，常常引经据典。文中不仅出现了来自不同时代的德国诗人的诗句，如歌德和海纳·米勒（Heiner Müller）[1]，如乌拉·哈恩和奈莉·萨克斯（Nelly Sachs）[2]；为了强调法德命运共同体，她还引用了鲜为人知的法国女诗人卡特琳·波兹（Catherine Pozzi）[3]的诗篇《最崇高的爱》。她的开场白就因过于栩栩如生而难以置信。她说："站在曾经的、柏林墙倒塌的东西德分界线上，或许，这是我政坛生涯中的第一次，也是最后一次'和盘托出'。我不再有所顾忌。"不过，默克尔的虚构者懂得未雨绸缪。他在讲稿的导言或者叫"编者按"中给读者打了预防针，用诗一样的语言对默克尔的诗性气质和文学天赋进行了赞美："听取这位德国历史上／最伟大的女总理，深情的演讲，／我被强烈地打动，／如此优美的诗一样的语言，／如此具有个人色彩的独唱，／那种流淌在字里行间的，／对

---

[1] 海纳·米勒（1929—1995），民主德国最重要的剧作家。
[2] 奈莉·萨克斯（1891—1970），犹太裔德国女诗人，1966年诺贝尔文学奖得主。
[3] 卡特琳·波兹（1882—1934），寂寂无闻、语言却很锋利的法国女诗人。

国家对民族痛彻骨髓的爱，/ 真的让我惊叹，/ 世界上有如此伟大的女政治家，/ 她有着如此细腻而热烈的情感，/ 如母如妻，如姐如妹……她不仅是一位罕见的伟大政治家，她还具有极高的诗歌和哲学天赋。"

第二，文中有许多似是而非和不实的信息。譬如，文中的默克尔说自己2014年身穿白色礼服出席在巴黎举行的和平论坛并发表演讲，她解释说这身白色礼服源于德国的国鸟白鹳，白鹳象征幸福与和平。实际上，默克尔出席巴黎和平论坛时穿的是一件黑色大衣，而德国的国鸟是山鹰。同属无稽之谈的，还有默克尔对欧洲政坛盛行大男子主义的控诉。默克尔在这篇演讲中抱怨有人欺负她是"一介女流之辈"，还说特蕾莎·玛丽·梅与她一样，都是"被欺负的女人"。特蕾莎·玛丽·梅就因为是一个女人，所以在接受议会质询时频频遭遇起哄乃至"逼宫"。文中涉及美国在德国部署核武器一事的文字则是似是而非。没错，德国联邦议院曾在2010年3月以三分之二的多数票通过一项决议，敦促联邦政府"要求美国盟友从德国撤出核武器"。然而，默克尔政府没有做出任何回应，尽管联邦议院的决议理论上对于联邦政府具有约束力。这要么是因为当时的联邦政府认为德国有必要部署美国的核弹[1]，要么是因为联

---

[1] 2019年11月22日，德国外长海科·马斯（Heiko Maas）在广岛出席广岛核爆纪念活动时表示，他反对美国从德国单方面撤走核武器。

邦政府懂得识时务者为俊杰的道理，深知德美关系原本就是不平等的。此外，2018年美国并未像文中所说在德国"新增20枚核弹"，而是对20枚旧核弹进行了技术升级。

同样令人哭笑不得的，是文中的默克尔抱怨她在2014年作为国礼赠送给习近平主席的"大清地图"断送了她的政治前途。这意思是，那张"大清地图"是对华友好的表示，她的政治对手为此对她穷追猛打。这一说法有点混淆视听。默克尔赠送中国国家领导人一张珍贵的大清地图，这确有其事。那是一张1735年在德国绘制的中国地图，被认为是德国绘制的第一幅中国地图。它所展示的中国版图自然远超今天的中国。这张地图所展示的中华帝国，陆地面积达1 300平方千米，其疆域从西伯利亚一直延伸到南中国海。默克尔为何把这样一件礼物赠送给中国国家领导人？德国想在南海领土争端中为中国助力？不会吧。或者，默克尔想提醒我们，沙俄夺走我们330多万平方千米的领土，苏联和俄罗斯又不肯归还？果真如此，这份礼物就有挑拨离间的嫌疑，那就是默克尔不希望中俄两国走得太近。试想，假如中国国家领导人访问德国的时候把一张1913年的德意志帝国的地图赠送给默克尔总理，她会作何感想？我们知道，如今的德国版图比当初萎缩了三分之一还多，昔日德国人用歌声勾勒的德国疆界——"从马斯河到梅梅尔河，从埃施河到贝尔特海峡"——如今不仅不复存在，其叫法也不再随德语。西面的马斯河如今从法国流经比利时、荷兰进入北海，与德国毫不沾边，所以叫默兹河，东面的梅梅尔河如今在立陶宛境内流淌，名叫涅曼河，南面的埃施河如今流淌在意大利境内，人们都叫它阿迪杰河，北面的贝尔特海峡则是划给了丹麦。

  这篇虚构的演讲所勾勒的默克尔形象基本上不符合事实。说默克尔是一位全心全意维护国家利益的政治家，这话没有错；说她不仅想让自己的国家变得强大和繁荣，而且要让德国人"扬眉吐气"，这话也不能说没道理。不过，把默克尔描绘成一个暗地里与美国进行长期斗争的政治家，还制造英法两国领导人与她结盟对付美国的假象，这种写法就太离谱了。这个神秘的作者显然缺乏常识，既不知道默克尔是谁，对德国的外交政策也一无所知。首先他不知道融入西方、优先发展德美友谊在阿登纳时代就写进了基民盟党纲，默克尔本人则担任基民盟主席长达18年之久。他同样不知道的是，默克尔是大西洋桥社的成员，有社会各界精英加盟的大西洋桥社，不仅致力于在经济、金融、教育、军事等重要领域维护跨大西洋伙伴关系即德美关系，而且对德国的媒体有着举足轻重的影响。还有，2003年，当美国以一小包不知什么成分的白粉为借口发动第二次伊拉克战争的时候，来自社民党的施罗德领导的德国政府拒绝跟随美国参战，在野的联盟党（基民盟和基社盟）主席默克尔却对美国发动第二次伊拉克战争表示支持。为此，她赢得美国总统布什的高度评价，布什的继任奥巴马也把默克尔视为最亲密的盟友。同样值得注意的是，默克尔是一名务实、擅于妥协和应变的政治家。这点可以用两个实例来说明。一是 2015/2016 年的难民危机。在那场危机爆发前，默克尔采取的是强势驱离非法难民的政策。她曾在电视镜头前对一个恳求她收留自己的巴勒斯坦女孩说了一句铁石心肠的话："我们不能欢迎所有人来到德国，德国没那么多地方。"几个月后她突然转变了立场，改为敞开国门，迎接潮水般涌入的难民。这一决定自然带来许多问题，也招致诸多批评。一年之后，她再次调整立场，在基民盟内部定下的"送回去，尽量送回去"的调门。二是默克尔的对华政策。上台伊始，默克尔奉行所谓的价值外交。她不仅接见了达赖喇嘛，而且理直气壮地发表声明："我是联邦总理，接见谁、在哪里接见，我自己做主。"但是她主政不久思想就发生了转变，在对华政策上抛弃了教条主义和价值外交，转向实用主义和务实外交，中德之间一度建立起全方位战略伙伴关系。难怪德国著名的社会学家乌尔里希·贝克（Ulrich Beck）认定默克尔是一个马基雅维利主义者，甚至戏称她为默克雅维利（Merkiavelli）。

4

这篇虚构文字所勾勒的默克尔形象是如此的片面和不真实，但它却大行其道、深得人心。究其原因，可以总结如下几点：

第一，默克尔本人很受中国人欢迎。她执政13年[1]，访华12次，就是说，她几乎年年访华。这种访华频率在西方各国的领导人中间无人能比。仅此一点就足以奠定其对华友好的形象。同样值得一提的是，默克尔总理访华都给人兴致勃勃和平易近人的印象。每次访问中国，除了北京，她都会附带参观一个省会城市，一路上总是寻求与不同的人接触、交流，同时给人留下了低调、朴素和大方的印象。譬如，2007年她在下榻的南京索菲特银河酒店用早餐时曾毫不犹豫地把掉在地上的一块培根捡起来吃掉。这令在场的中国人深感意外。同样传为美谈的，还有她放弃了索菲特银河酒店提供的"总统套房"，选择了一个普通套间。她是世界上最富裕国家之一的首脑，她本人的生活却如此地朴素和低调。仅此一点，就足以让中国对她产生好感，所以中国的百姓都亲切地叫她"默婶""默大妈"，人气或者说知名度也得到民调结果的证实。根据2016年出台的一份针对中德两国名人知名度的华为调查报告[2]的结果，默克尔在中国的知名度排名第四。

第二，如果说默克尔在普通人心中最终成为一个正面形象，那么德国也是一个能够让许多中国人产生愉快的联想的国家。譬如，

---

[1] 这是2019年的统计。

[2] 华为调查报告是华为与德国全球与地区研究所、杜伊斯堡-埃森大学和TNS Emnid合作进行的。

德国盛产哲学和音乐,德国文学虽然不太"好看",但是有"哲理"、有深意,德国又是马克思的故乡,德国人在反省历史方面堪为楷模,甚至把反省历史变成了德意志特色和德意志美德。当我们拿日本与德国进行对比,这种感觉就更加强烈。我们真希望我们东部邻国能够出一个威利·勃兰特。

第三,德国在中国的国家形象自然也受中德经贸关系的影响。在过去几十年里,中国经济快速发展,中德经济关系则日益密切。自2016年以来,中国一直是德国最重要的贸易伙伴,目前德国是中国第五大贸易伙伴。在中国人的日常生活中,"德国制造"随处可见。德国制造的厨房用具、家具、汽车等产品(中国早已成为德国汽车的第一大销售市场,《南德意志报》把中国称为"德国汽车工业生死攸关的市场")成为当今德国的象征。这些产品常常让人联想起勤奋、守时、讲信用、爱整洁等传统的德意志美德,德国的工艺神话也由此诞生。在中国,除了德国和日本,其他的工业化国家没有铸成类似的神话。

第四,一个国家在另外一个国家的形象如何,在一定程度上也是由媒体报道决定的。与热衷于对中国进行负面报道的德国媒体不同,中国媒体对德国的新闻报道在很长一段时间里都趋于正面。决定这种报道策略的,是开放和学习的心态。所谓正面新闻报道,就是讲别人什么事情做得比较好,这样的新闻报道可以给人带来诸多启发。在很长一段时间里面,普通的中国人甚至连德国媒体喜欢抹黑中国都不知道。由于我们的媒体很少对德国和德国总理进行负面报道（干涉中国内政的情况除外），所以一般人并不知道默克尔在德国也是存在争议的人物，不知道默克尔还有"默克雅维利"的绰号。当然，中国媒体对2015年的德国难民危机进行了充分报道，默克尔自然成为媒体的聚焦点。许多中国人也对默克尔敞开国门接纳难民的决定表示不解。不理解的一个原因，就是我们过度关注难民潮给德国带来的社会和文明冲突，同时忽略了中东难民与德国人在宗教和种族方面的亲缘性，忽略了他们同属一神教、同属高加索人种这一基本事实，因而有些杞人忧天。

其实，这篇虚构的默克尔讲话在很大程度上折射出在中国社会常见的地缘政治想象。谁都知道，今天的中国所面临的头号地缘政治难题，就是被美国视为最大的对手和挑战。中美关系必然要跌入修昔底德陷阱？这是很多人思考和担心的问题。我们已经意识到，美国对中国实施贸易战，与其说是为了解决贸易问题，不如说是想打垮崛起中的中国。面对这种形势，中国只能一面放弃幻想，一面努力推进多极世界的构建。中国乐见欧盟成为多极世界中的一极，乐见欧盟成为一股平衡超级大国的力量。一个强大的欧盟应该符合中国的利益。尽管欧盟是美国的小弟弟（对于欧洲，中国人在一般情况下不会使用附庸这类贬义词），尽管德国在可预见的将来无法摆脱其沉重的历史包袱，但是我们也不排除生性骄傲的德国人总有一天会昂首挺胸，在欧盟的框架内构建德意志第四帝国。要知道,如今的联邦德国,距离两百多年前烟消云散的神圣罗马帝国并不是人们通常想象的那么遥远。联邦德国的国歌,曲子来自神圣罗马帝国;联邦德国国徽,是山鹰图案,山鹰图案则来自神圣罗马帝国和它的前身罗马帝国;联邦德国继承了神圣罗马帝国的联邦制结构,德国前总理施密特甚至将其誉为未来的"欧罗巴合众国"的榜样,至于神圣罗马帝国的宪法《黄金诏书》,德国史学界已认定,它"不仅相当于一部德国的《基本法》,更堪称一部欧洲的《基本法》"。2006年,德国还为《黄金诏书》诞生650周年举行了大型回顾展。与此同时我们看到,一向低调的默克尔总理至少在唐纳德·特朗普赢得美国总统大选后突然表现出大国领袖风范,甚至是西方世界的政治领袖的风范,仿佛只有她才能对不讲规则、不可预测的特朗普形成制衡。众所周知,默克尔代表德国政府给特朗普的贺电几乎就是一封警告信。她在贺电中明确地告诉特朗普,德美关系的基础是"两国共同价值观"。不得不说,默克尔勇气可嘉。既令人钦佩,又让人诧异,因为从根本上讲,德美关系的格局不会受政治家个人言行的影响。因此,我们不宜对默克尔"硬怼"美国新任总统特朗普的事情进行过度解读。我们必须意识到,在特朗普问题上存在的跨大西洋桥共识对默克尔的影响和鼓励。换言之,默克尔"硬怼"特朗普与厌恶特朗普的美国建制派的有力支持不无关系。所以我们看到,先是《纽约时报》把她誉为"西方自由世界最后的捍卫者",后来哈佛大学又授予她名誉博士学位。当然，特朗普也对她还以颜色。2017 年 3 月默克尔访问美国，在白宫与特朗普会面时，特朗普对她的握手姿势视而不见。简言之，默克尔是一个知道审时度势、懂得适可而止的政治家，在对美政策上她不会出现不当言行。何况，德美关系的实质决定了德国人在公开发表涉美言论的时候需要谨慎又谨慎。举一个最近的例子：日前，德国电视二台主持人玛丽埃塔·斯洛穆卡（Marietta Slomka）在一场关于美国制裁北溪二号天然气输气管道工程的电视讨论中把特朗普和普京相提并论，结果引发一场不大不小的媒体风波[1]。

总之，这篇虚构的默克尔演讲稿尽管写得似是而非，甚至漏洞百出，但作者面向大众，深谙大众心理，而且大事不糊涂。尤其是他把握了两个关键点：一是迎合众人发展中德友好和联欧制美的朴素心愿，二是巧妙地借默克尔之口把中德两国说成难兄难弟，甚至是命运共同体：德国是一个无论如何努力也难以实现正常化的国

---

[1] 斯洛穆卡在一次有关美国制裁北溪二号输气管道的讨论时说："俄美两国几乎变得同样难缠，我们由此也可以看出我们的世界发生了何种变化。好吧，我们还没听说美国人在柏林的公园里把他们不喜欢的人干掉。但是，与唐纳德·特朗普进行谈判，就像跟普京约会一样别扭，也许更加别扭，因为普京不会翻云覆雨，并且在贸易问题上比较可靠。"

家，中国则是因其重新崛起而遭遇阻挠和打压的国家。

一言蔽之，我们的无名氏作者用心良苦。他虚构一篇默婶演讲，为的是夫子自道。

五　何为德意志？
——从三部书看当今德国的文化身份意识

我读到三本很有意思的德语书，它们都是在过去二十年里出版的：一本是赫弗里德·明克勒（Herfried Münkler）撰写的《德国人和他们的神话》（*Die Deutschen und ihre Mythen*），2009 年首版，606 页；第二本是特亚·多恩（Thea Dorn）和理查德·瓦格纳（Richard Wagner）合写的《德意志之魂》（*Die deutsche Seele*），2012 年出版，560 页；第三本是迪特·博希迈尔撰写的《何为德意志？》（*Was ist deutsch?*），2017 年首版，1056 页。这是三本值得关注的书。一是因为它们都产生了巨大的社会反响，二是因为它们都涉及德国人的文化身份问题，这是德国研究的一个核心话题。更为重要的是，这三本书一方面从历史的、跨学科的角度对德国人的文化身份问题进行探讨，既有宏阔的视野，又有翔实的资料，另一方面又充满现实关怀和问题意识，能够把读者带入对德国现实的思考。

我先介绍一下三本书的作者和社会反响。

《德国人和他们的神话》由赫弗里德·明克勒撰写。明克勒是德国著名的政治学家。他著述甚丰,广泛涉猎政治理论、文化理论、思想史、战争史等诸多领域。明克勒于1951年出生在黑森州的弗里德贝格,大学期间修过德语文学、政治学和哲学。他的博士论文写的是马基雅维利的政治思想。该论文后来成为马基雅维利研究领域的一部经典的学术著作。他曾长期执教于柏林洪堡大学,并担任该校社会学研究所所长,2018年荣休。他参与了德国外交部实施的一项题为"回顾2014——对外交政策的前瞻性思考"的研究项目,主张德国奉行利益外交而非价值外交。由于经常为默克尔总理出谋划策,他被视为"国师"。与此同时,他在电视访谈节目中露面,是一位人气很旺的"触电型"学者。他的著作频频获奖,也多次荣登德国哲社类图书热销榜。

《德意志之魂》由特亚·多恩和理查德·瓦格纳合作撰写。特亚·多恩于1970年出生在德国黑森州的奥芬巴赫,大学主修哲学。她既是小说家,又是电视节目主持人和文学评论家,而且是著名的文学书评节目"文学四重奏"的固定成员,同时担任巴伐利亚图书奖评委。她曾斩获众多荣誉和奖项,其中包括德国侦探小说奖、柏林侦探小说奖、格里姆奖和德国电视奖。理查德·瓦格纳是一位德裔罗马尼亚作家,一直用德语写作。他于1952年出生在罗马尼亚巴纳特地区,也是诺贝尔文学奖得主赫塔·米勒(Herta Müller)的前夫,1987年和赫塔·米勒一起移居德国。瓦格纳在罗马尼亚做过记者，发表过大量诗歌作品，获得罗马尼亚作家协会颁发的诗歌奖。移居德国后，他也获得文坛和学界的广泛认可，获得过包括联邦德国荣誉十字勋章在内的多种奖项。有趣的是，特亚·多恩在少女时代就酷爱瓦格纳歌剧，没想到日后会认识一个与伟大的作曲家同名同姓的作家，并与之联袂写书。而这位作家之所以名叫理查德·瓦格纳，是因为他的父亲崇拜伟大的作曲家瓦格纳。

《何为德意志？》由迪特·博希迈尔撰写。博希迈尔1941年出生在德国鲁尔区的核心城市埃森，大学期间主修德语文学和天主教神学。他是一位著作等身、赫赫有名的日耳曼学者。他既是昔日的海德堡大学德文系的学术掌门人，也是巴伐利亚艺术科学院院士，并在2004—2013年间担任科学院主席。他治学广泛，在魏玛古典文学、尼采、瓦格纳、托马斯·曼等多个研究领域均有建树。此外，他还出任恩斯特·冯·西门子（Ernst von Siemens）音乐基金会董事会主席，该基金会颁发的恩斯特·冯·西门子国际音乐奖被视为音乐界的诺奖。他获得过众多荣誉和奖项，前年还获得魏玛歌德协会颁发的歌德金质奖章和巴伐利亚功勋奖章。

现在谈谈这三本书所产生的社会反响。

《德国人和他们的神话》获得2009年莱比锡图书博览会哲社类暨随笔类图书奖。图书奖评委会在授奖词中写道，该书"用清晰的语言和理性的声音"写成。《德国人和他们的神话》的德文版已售出5万册，译成了四种外语：波兰语、捷克语、匈牙利语和中文。中译本则在 2017 年就已出版，在读书界引起广泛兴趣[1]。

《德意志之魂》在德国已售出 10 万册。该书在德国政界和文化界引起高度关注和普遍认可。当代文豪马丁·瓦尔泽（Martin Walser）在《时代》周刊撰文称赞两位作者，说他们没有抽象地议论何谓德意志之魂，而是让德意志之魂形象生动地、多姿多彩地、具体而微地展现在读者眼前。他还强调指出，书中没有出现奥斯维辛这一概念，但这是一个可以理解的大胆之举[2]。德国前联邦卫生部部长、联邦议院副议长乌拉·施密特（Ursula Schmidt）则在 2011 年 12 月联邦议会就是否批准联合国教科文组织的《保护非物质文化遗产公约》展开的辩论中提到该书。她指出，这本书以其"优美的标题"和轻松活泼的写作方式向世人展示了德国人的文化记忆和文化实践是如何的丰富多彩[3]。《德意志之魂》的中译本已

---

[1] 笔者与该书的译者、北大历史系的李维教授（二人合译）在一次直播节目中聊过该书，现场座无虚席，听众表现出浓厚的兴趣。

[2] 瓦尔泽的意思是，大屠杀的话题过于沉重，与该书的基调不太协调。

[3] 根据马丁·瓦尔泽和乌拉·施密特的解读，该书的标题 "Die deutsche Seele" 似乎可以译为 "德国心灵" 或者 "德意志心灵"。"德意志之魂" 有点沉重，甚至带有些微悲剧意味，与作者的写作意图和文字风格有点不协调。如果译为 "德国心灵"，还可以跟德国汉学家卫礼贤的著作《中国心灵》相呼应，而《中国心灵》的德文标题就是 "Die chinesische Seele"。

在2015年8月出版，时任中华人民共和国驻德意志联邦共和国特命全权大使史明德先生为译本撰写了序言。

迪特·博希迈尔撰写的《何为德意志？》，是迄今为止德国人在研究其文化身份方面推出的最厚重的一本书。该书出版后，两年之内就已三次再版，售出1万册。和《德意志之魂》一样，该书在德国政界和知识界引起高度重视。2017年底，博希迈尔受德国联邦议院委托，为联邦议院的机关刊物《议会》杂志特刊撰写社论，因为这一期特刊专门探讨一个非常典型的德国问题：什么是文化民族。在德语世界，文化民族通常是指以文化为纽带的民族，与政治民族即以政治为统一纽带的民族相辅相成。德意志民族应该实现政治统一还是可以满足于文化统一，这是德国人直到两德统一之前都还在争论不休的大问题。托马斯·施密德（Thomas Schmid），《世界报》的发行人，为博希迈尔的大部头撰写了书评。他不无感慨地写道，这本书让人看到，德国历史原本也有其他的发展道路，因此，他现在更是觉得德国历史不可思议。德国联邦议院前议长诺伯特·拉默特（Norbert Lammert）不仅兴致勃勃地通读了《何为德意志？》，他还特地在柏林文学馆与博希迈尔就相关话题进行电视直播对谈。对于《何谓德意志？》，拉默特有一句妙评："何为德意志？对于这个问题最简短的回答就是这个问题本身。"拉默特的话与书中引述的尼采妙语——"'何为德意志？'不绝于耳就很德意志"——相映成趣。不言而喻，《何为德意志？》在德国引发广泛关注。不仅有多家报纸发表书评，博希迈尔本人也多次接受广播电台的访谈。在2017年的莱比锡书展上，博希迈尔还成为旨在介绍年度代表性书籍的蓝色沙发的嘉宾。中国读者对《何为德意志？》更是充满期待。2018年10月，当博希迈尔应邀到京沪两地进行学术访问时，《何为德意志？》成为他与中国学者进行交流的一个核心话题。

对于这三本书的内容和看点，我想挂一漏万地做一点介绍和评论。

《德国人和他们的神话》所讲述的，不是源于远古时代想象出来的超现实的故事，而是变成神话的历史。把历史变成神话，通常都是为了建构民族叙事。换言之，《德国人和他们的神话》所讲述的，是变成神话的德国历史，其中包括历史人物、历史事件、历史景观、历史古迹，如日耳曼人和尼伯龙人，如抗罗英雄赫尔曼和神圣罗马帝国皇帝巴巴罗莎，如浮士德和马丁·路德，如普鲁士的腓特烈大王与路易丝女王，如莱茵河和瓦特堡，如纽伦堡和德累斯顿，如西德的经济奇迹和德裔教皇本笃十六。作者把这一个个的德意志历史神话呈现在读者眼前，一一讲述其来龙去脉，带领读者在琳琅满目的千年德国历史长廊中徜徉。但是，作者不是为历史而历史，其着眼点是当代现实。摆在明克勒面前的问题，就是如今的德国只有破碎的神话，人们眼前只有一片神话的废墟。如今的德国，最缺乏的就是一个建国神话。在联邦德国，旧的神话已经破灭，新的神话又很难确立。事实证明，人们想确立的新神话，如经济奇迹、"你们是德国"或者"我们是教皇"等，都是昙花一现。在明克勒看来，一个国家，一个民族，假如缺少一个建国神话，缺少一个能够振奋人心、提高士气的民族叙事，终究会"自食其果"。明克勒羡慕德国的西方盟友都有非常励志的建国神话，但是他不知道德国去哪里找这样的神话。他也不可能像德国前外长约施卡·马丁·菲舍尔（Joseph Martin Fischer）那样剑走偏锋，构建一个否定的神话。菲舍尔曾经说过："所有民主国家都有一个立国的基础和根基。在法国，是1789年的大革命，在美国，是1776年的《独立宣言》。在西班牙，就是昔日的西班牙内战。对于德国，就是奥斯维辛。"

据特亚·多恩讲，撰写《德意志之魂》的想法来自她与出版商的一次讨论。有一次，她与出版社谈到蒂洛·萨拉辛（Thilo Sarrazin）[1]那本备受争议的畅销书《德国自取灭亡》（*Deutschland schafft sich ab*，2010）。她告诉出版商，萨拉辛有一个思维漏洞：他没有对做德国人意味着什么进行思考。出版商当即建议她撰写这样一本书。她随即找到理查德·瓦格纳作为合作者。两人借助66个关键词，按照德文字母的顺序，从 Abendbrot（冷食

---

[1] 蒂洛·萨拉辛（1945— ），德国经济学家，德国联邦银行董事，多次因口无遮拦和反移民言论引发争议。

晚餐）、Abendstille（夜阑人静）讲到 Kindergarten（幼儿园）、Kirchensteuer（教会税），再到 Wurst（香肠）、Zerrissenheit（内心分裂），等等。两位作者对他们所理解的独具德意志特色的宗教、历史、文化、社会现象以及自然景观进行描述、阐释、评论，由此对德国人的内心世界进行全方位和大百科式的探索。没错，这本书的确有一点大百科全书的气象，书中的每一个关键词都是一个大百科词条，都是一篇饶有兴味的随笔。它力图成为一部阐释德国人心灵的大百科全书。但是，这本书在两个方面与大百科有着显著的不同。一方面，两位作者不是特别在意大百科所要求的客观与中立。他们有选择、有立场，他们想释放正能量，想为德国的传统文化正名；另一方面，两位作者既是饱学之士，又是文学家，所以他们不仅能够做到旁征博引、笔酣墨饱，而且频频地使用春秋笔法、讽刺笔法。正因如此，他们可以大胆放言、无所顾忌。《德意志之魂》开篇第一句话就写得耐人寻味："亲爱的读者：你要小心！你在阅读一本没有让你小心提防德国文化的书。"不言而喻，他们所撰写的词条要触碰敏感话题，譬如宗教问题、历史问题、领土问题。譬如，《教会税》一章开篇就引用《明镜》周刊的发行人鲁道夫·奥格斯坦（Rudolf Karl Augstein）的一句嘲讽："统一之后的德国本质上不再具有基督教特征。它既非天主教国家，也非新教国家。它唯一的基督教特征是教会税。"又譬如，作者在《莱茵河》一章写道，在"启蒙运动把基督教搞得千疮百孔"之后，德国人才得以无所顾忌地投入这条父亲河的"湿漉漉的怀抱",由此使人意识到对莱茵河的崇拜也曾被教会纳入其偶像禁忌。再譬如,《疆界》一章不可避免地触及德国人的一个历史伤疤:第二次世界大战之后,德国丢失了三分之一的领土,从这丢失的领土上又产生了1 200万难民,他们自东向西涌入分割之后剩下的德国领土。作者批评德国人在半个多世纪过去之后说起这段历史"依然吞吞吐吐,犹豫不决",嘲笑他们"不愿直面现实",嘲笑他们"难得糊涂",还说这种难得糊涂"始于把昔日的德意志民主共和国的领土称作东德。其实,民主德国所在的地区在历史上主要属于中部德国"。说白了,把中部德国称为东德,无非是想屏蔽东德地区被人抢走的事实。当然,作者深知失去的土地回不来了,但是希望同胞们牢记历史,因为"决定德国边界的,不仅仅是几纸协约,文化记忆也有发言权"。需要指出的是,第二次世界大战之后德国的东部领土大面积丢失,既是因为战争的受害方(如损失2 700万人口的苏联)要求得到赔偿,也是因为东普鲁士是德国的龙兴之地,战胜国想通过切除东普鲁士来切除德国的军国主义祸根。对此,马丁·瓦尔泽在2016年发表的一部小说中曾用闲来之笔、借助书中人物之口评论说:"1945年后,世人想通过一次大型外科手术保证去除德国之害:该切除的,都切除了,剩下的再切成两半。切割之后的德国,让人高枕无忧。"

《铁路》一章不仅讲述了德国铁路的发展史,而且讲述了与德国铁路相关的文化史和政治史,譬如德意志帝国如何安排专列运送列宁,并由此促成俄国十月革命。书中写道:"光阴荏苒。想当初,濒临绝望的帝国参谋部派出密探在苏黎世的咖啡馆里找到列宁,然后让他坐在封闭的火车车厢里穿越德国,去发动在圣彼得堡的起义,即1917年的十月革命……"[1]作者最后总结道:"帝国铁路成为布尔什维克的助产士,运送列宁的插曲变成了聪明反被聪明误的喜剧素材。"作者想说的是,没有帝国总参谋部的这番操作就没有十月革命,没有十月革命,就没有日后成为德意志帝国克星的苏维埃联盟。但这一评论有马后炮的嫌疑。其实,十月革命之后仅4个月,苏俄政府就和以德意志帝国为首的同盟国签署了《布列斯特—立托夫斯克和约》。苏俄不仅退出了"一战",让德国实现东线无战事,而且承诺向德意志帝国割地赔款。倘若"一战"没有战败,从波兰到乌克兰再到波罗的海沿岸国家的广袤土地都将属于德国。应该说,1917年的帝国铁路圆满完成了使命。除了俄国的十月革命,德意志帝国铁路还承载着其他历史,譬如屠犹史。在纳粹时期,帝

---

[1] 为摆脱东、西两线作战的困境,德意志帝国政府决定安排支持客居瑞士的列宁回俄罗斯发动革命。为此,帝国政府让列宁乘坐一列密封的专列穿越德国(不让下车,也不进行检查,因为德、俄还处于交战国状态)回到俄罗斯。其行程为:1917年4月9日,专列从苏黎世出发,途经曼海姆、法兰克福、柏林,最后到达位于波罗的海的吕根岛上的萨斯尼茨海港,然后乘船到瑞典,从陆路途经芬兰回俄罗斯,4月16日抵达圣彼得堡。

国铁路负责把犹太人成批地运往灭绝营[1]。由此，纳粹德国的死亡列车化为德国人挥之不去的历史记忆。马丁·瓦尔泽承认，他在回忆少年往事的时候不知道该不该讲述自己在火车车皮卸煤的苦与乐，因为他生怕这会使人联想到通往奥斯维辛的闷罐车。

让人联想到黑暗历史的，不仅仅是德国的火车和铁路。《德意志之魂》还告诉我们，天真无邪的德国童话和郁郁葱葱的德国森林也被打上黑暗历史的烙印。我们在《林中寂寞》一章读到，在战后的军管时期，汉堡的一位书店老板建议英国联络官把《格林童话》列入符合民主思想的无害书目，英国人却回答说："哦，不行，那里面树林太多。"英国人之所以对德国的森林有意见，是因为森林崇拜属于典型的德意志传统。从狂飙突进时期到第三帝国，德国人一直在搞森林崇拜。纳粹当局不仅大力推进退耕还林，而且把森林宣布为他们所厌恶的犹太人的禁区。在纳粹德国，许多林区都出现警示牌，上面写着："我们德意志森林不欢迎犹太人。"书中还引述了英籍犹太裔德语作家、诺贝尔文学奖得主埃利亚斯·卡内蒂在其著作《群众和权力》为德国人描绘的一幅触目惊心的肖像："德国民众的象征就是军队，但这支军队不是军队，而是行进的森林。"值得注意的是，德国人的森林情结并未随着纳粹德国终结而终结。

---

[1] 为照顾国人的感受并且避人耳目，纳粹德国把灭绝营即专事屠杀犹太人的集中营修建在新占领的东欧国家，如波兰和乌克兰。

五 何为德意志?

在20世纪80年代初,德国人的森林情结甚至引出了一场世纪笑话:当时让联邦德国举国上下呼天抢地的Waldsterben(森林死亡),纯属虚惊一场,纯属假新闻。这是一场载入史册的闹剧,据说"法国人和美国人至今听到Waldsterben这个德语词都会哑然失笑"。不过,"林中寂寞"也讲述了德意志的森林多么美好、热爱森林是多么美好,以及从德国人的森林情结中诞生了多少艺术之花。由此我们不难看出《德意志之魂》作者的良苦用心:他们变换视角观察德国的历史和文化,一会将其妖魔化,一会将其去妖魔化,就是为了让德国人摆脱精神束缚,提高精神免疫力,以轻松和自由的心态面对民族历史和民族文化遗产。

读博希迈尔的《何为德意志?》,犹如亲历一场盛大的知识博览会,把德国自近代以来的各路文化精英对"何为德意志?"的思考呈现在读者面前。思考者中间既有康德、黑格尔、费希特等古典哲学家,也有从尼采到赫尔曼·科恩(Hermann Cohen)和弗兰茨·罗森茨威格(Franz Rosenzweig)这样的现代哲学家;既有从歌德、席勒、克莱斯特到海涅再到托马斯·曼、布莱希特、马丁·瓦尔泽等大作家,也有音乐家瓦格纳和尤利乌斯·朗贝恩(Julius Langbehn)、埃里希·卡勒尔(Erich Kahler),诺伯特·埃利亚斯(Norbert Elias)这类文化哲学家。思想家们的丰富论述令人大开眼界。最令习惯于脚踏实地的中国读者感兴趣的德意志性,也许就是那种不接地气、不食人间烟火的理想主义。德意志理想主义,既可以表现为一种超功利的、"为事情而事情"的专注精神,也可以表现为席勒和瓦格纳式的文化英雄主义。席勒深信:"即便德意志帝国／在战火中倒塌,／德意志依旧伟大",瓦格纳则所见略同:"神圣罗马帝国／即便灰飞烟灭,／神圣的德意志艺术／依然万古长存。"值得赞赏的是,《何为德意志?》在其笔酣墨饱的叙述和评论中也频频触及一些常说常新的德国问题。譬如,在18、19世纪之交就已达到人类文化巅峰的德国,为何在一百多年后彻底堕入野蛮?书中说到几个令人尴尬的巧合:一是由歌德、席勒合力打造的文化之都魏玛距离布亨瓦尔德集中营可谓咫尺之遥(从魏玛王宫到布亨瓦尔德集中营只有7千米的路程);二是希特勒不仅多次到访魏玛,而且,纳粹在1926年举行的首届党代会也在魏玛召开;三是魏玛所在的图林根州诞生了魏玛共和国首个由纳粹党执政的地方政府,而且恰逢歌德逝世一百周年。再如,德、奥为什么合并?书中回顾了一个鲜为人知或者早被遗忘的事实:奥匈帝国土崩瓦解后,德意志奥地利国民议会在1918年11月12日通过决议,宣布奥地利是德意志帝国即魏玛共和国的一部分。但是,由于英、法的反对,奥地利人回归大德意志的愿望未能实现。《凡尔赛和约》特别规定德国承认并尊重奥地利的主权独立。因此,发生在1938年的德、奥合并,相当于希特勒把奥地利人的原始诉求变为了现实。同样值得赞赏的是,该书努力从德国思想史里面发掘正面遗产,其中包括世界公民理想和德意志—犹太精神融合论。作者指出,世界公民理想早在启蒙时代就已出现,后来又成为魏玛古典文学的核心理念。即便是常常被视为政治可疑的尼采也信奉这一理想,因为他把德国人称为"世界各民族的译者和协调人"。

更值得关注的是,这三本书都涉及战后德国融入西方这一话题。这是德国研究中的一个核心话题。我们知道,对于如今的德国,西方就是师傅,就是老师,就是取经的地方。德国当代著名历史学家海因里希·奥古斯特·温克勒(Heinrich August Winkler)把德国历史的发展概括为一条"漫漫西行路"[1]。在西方的政治语境中,温克勒的论点与日裔美国学者弗朗西斯·福山提出的历史终结论一样不容置疑。德国人的西行路之所以被视为取经路,是因为自近代以来欧洲有了一条自西向东的文化和政治鄙视链:越往西,越先进,越往东,越落后。这是因为最西端的英国最先诞生了为君主立宪制奠定法律基础的《自由大宪章》(1215),后来又有了一场光荣革命(1688),也就是不流血的革命;在英国以东和德国以西的法国,则发生了一场因为流了血、所以光荣度次之的法国大革命(1789)。英、法东边的德国,则以"迟到"、以"特殊"著称。德国人是"迟到的民族"[2],德国历史走的是一条"德意志特

---

[1] 该说法源自温克勒的两卷本著作的标题《走向西方的漫长道路》(*Der lange Weg nach Westen*)。

[2] 这一说法源自德国哲学家和人类学家赫尔穆特·普莱斯纳(Helmuth Plessner)的演讲集《迟到的民族》(*Die verspätete Nation*)。

殊道路"[1]。德国文化自成一体,德国的制度和文化既不同于西边的英、法,更不同于东边的俄罗斯,虽然俄罗斯与德国在经济、文化、政治各方面有着非同寻常的密切联系。德国人既是东、西欧之间的二传手和斡旋者,也做过反西方的孤胆英雄。第一次世界大战爆发时,德国知识界普遍对西方的文化和政治鄙夷不屑,不仅把西方当作异质文化加以抵制,而且认为德意志文化已经雄踞世界之巅。但在第二次世界大战结束后,德国自然低下了高傲的头。1949年成立的德意志联邦共和国,不仅与法、意、荷、比、卢五国共同组建了欧盟的前身欧洲煤钢联盟,而且加入北约,在政治、经济、文化和军事几个方面彻底融入西方,并且接受美国的领导。随后,西德人,即三分之二的德国人,创造了举世瞩目的经济奇迹,联邦德国从此成为欧洲经济火车头。而两德统一之后的德国,不仅依然是欧洲的头号经济强国,它在欧盟内部也获得政治领袖地位。难怪有人把融入西方视为德国人的福气甚至是联邦德国的建国神话。对此,明克勒明确持反对意见。他认为,国家理性和社会现代化进程不应与政治神话混为一谈。他认为,西德做出加盟西方尤其是北约的决定,这更多的是国家理性的体现。《德意志之魂》的作者认为,德国加盟西方是根治德意志特殊道路美梦的一剂良药,

---

[1] 德意志特殊道路自然是相对英法两国的"正道"或者"寻常路"而言。特殊道路论是德国学界的主流。

因为在过去很长一段时间里，自高自大的德国人都认为自己可以不走寻常路，因为他们的文化原本就异于西欧。与此同时，两位作者都没有过高估计这剂良药的效果。他们得出的结论是："在经历了褐色野蛮之后，德国人应该再也不会因为自己在内心深处是日耳曼野蛮人而沾沾自喜。过去他们一直深信，在日耳曼人的野蛮内心深处孕育的文化远远高于所有的西方文明。现在，与西方的一体化终结了他们的德意志特殊道路。但这只是意味着，德国人不再把德意志特殊道路挂在嘴上，德意志特殊道路依然作为一股暗流存在。"耐人寻味的是，无论东方还是西方，都能一眼识别什么是德意志特色。譬如，"在西方人眼里，德国的秩序就表现为国家对市场经济的干预；在东方看来，对商品流通进行组织是狂热追求秩序的表现"。

在博希迈尔看来，统一后的德国已重新扮演起它昔日扮演过的中间人和斡旋者的角色。德国"现在回到了中间位置，也就是在西欧民族和斯拉夫民族之间的位置。这一定位对于德国人传统的自我认识和身份定位至关重要，因为两德分裂使他们失去了居中地位"。根据这一看法，德国就是欧洲的"中国"。不过，欧洲的"中国"不是亚洲的中国。一者是中间之国，它天然担负着斡旋使命；一者为中央之国，它自视为世界的中心和肚脐眼。古代中国确有一种温和的文化沙文主义。中国长城传递的信息很明确：长城以内是文明之地，长城以外是蛮夷之地。既然如此，哪个角色更适合如今的德国人?是做一个纯粹的、坚定不移的西方人,还是做一个斡旋者和中间人?博希迈尔没有明确提出或者解答这一问题,但是他认同以批判的眼光看博托·施特劳斯(Botho Strauß)[1]的西方观点。在施特劳斯眼里,西方社会至少有如下症结:"西方文明迷失了方向、西方奉行经济至上,在资本主义战胜共产主义之后,经济至上的原则在任何地方都露出缺乏文化的粗俗嘴脸,西方人完全被媒体控制,而且奉行今朝有酒今朝醉的人生哲学。"博希迈尔还发现西化给德国人带来的一个副作用:德国人从传统的"擅于思想、拙于行动",变成了变得"擅于行动、拙于思想"。作为一个人文学者,博希迈尔自然希望德国人保持诗哲民族的特色,他没有理由为德国人拙于思想感到喜悦。2013年,博希迈尔在北京大学做学术演讲时,有听众提问:德国人几乎在所有的文化领域都表现出色,为何在政治领域表现得很幼稚?他回答说:"您说的是过去吧。如今的联邦德国可不是那样的。如今我们在政治上非常成熟,我们有非常出色的政治家,譬如默克尔。当然,我们不再有歌德,不再有贝多芬,也不再有尼采。我们也出不了莫言……"博希迈尔这番话与特亚·多恩对当今德国的总体判断不谋而合。特亚·多恩认为,联邦德国"无疑是德国历史上最稳定、最和平的国家",但"如果从思

---

[1] 博托·施特劳斯(1944—),德国作家,戏剧家。其剧本的上演率在当代剧作家里数一数二。

想和文化的角度来看，联邦德国是有史以来最单调乏味的德国"。2012 年，特亚·多恩在接受《维也纳报》采访时谈到自己的矛盾和纠结："一方面，我很庆幸自己生活在这个祥和的、被民主制调教得中规中矩的德国。另一方面，我又觉得自己生不逢时，迟到了两百年。倘若现在恰逢 1812 年，我会马上女扮男装，参加与拿破仑军队决战的解放战争。"

特亚·多恩的话使人想起维尔纳·桑巴特[1]在第一次世界大战爆发时撰写的一本影响甚大的小册子：《商人与英雄》。桑巴特所说的商人，是英国人，他把英国人视为一个精于算计的商人民族；桑巴特所说的英雄，自然是德国人，他把德国人誉为一个豪气万丈的英雄民族。博希迈尔的评论同时使我想起著名政治学家和社会学家沃尔夫·莱佩尼斯（Wolf Lepenies）所著的《德国历史上的文化诱惑》[2]。莱佩尼斯认为，德国历史的一大特征，就是知识分子被文化所诱惑，结果就是文化高于政治，所以，德国的政治家常常缺乏现实感和分寸感。

德意志性是以上三本书所共同关心的问题，只是它们的出发点和侧重点各不相同。《德国人和他们的神话》关心的是如何振奋民心，如何构建民族叙事；《德意志之魂》力图揭示德国文化的丰富

---

[1] 维尔纳·桑巴特（1863—1941），德国社会学家、思想家、经济学家。
[2] 莫言在 2009 年成为巴伐利亚艺术科学院的通信院士，2012 年获诺贝尔文学奖。

性、历史性和复杂性;《何为德意志?》则聚焦德国文化精英们对德意志文化身份的反思。

对于德国研究,这是三本值得一读的书。我很高兴地看到,三本中间已有两本译成中文,另外一本正在翻译。与此同时,我听说英法两国都没有购买这三本书的版权。彼时,我们恰好在伯明翰开会,真想跟同行们讨论一下这是为什么。

六　一记堪比华沙之跪的响亮耳光
——对贝亚特·克拉斯菲尔德事件的思考[1]

在任何一个国家，英雄化和去英雄化的策略都是其回忆文化和纪念文化的重要组成部分。当德国本土的日耳曼学者和海外日耳曼学者坐在一起讨论英雄化和去英雄化策略的时候，双方必然会碰撞出许多的思想火花，都会收获满满。这样一场会议，对双方而言都有管中窥豹的效果，都可以让人窥见一个国家的政治、社会、文化和深层心理状况。对于天然倾向于做区域国别研究的海外日耳曼学者，更是求之不得。

一拿到本次会议的通知，我就知道自己应该谈什么。我想谈女英雄贝亚特·克拉斯菲尔德（Beate Klarsfeld）和她那记震惊世界的耳光。我选择这一话题，一是因为我发现贝亚特·克拉斯菲尔德女士在德国始终是一个争议人物，不认可其行为的德国人不在少数；

---

[1] 本文源自2018年10月10日在上海外国语大学举办的"跨文化视域下中德两国英雄人物的建构、解构与认知"国际研讨会上的德文发言稿。

二是在有幸认识贝亚特·克拉斯菲尔德女士本人[1]之后，我愈发觉得这一问题值得探讨。我当然知道，这不是一个轻松的话题。

1

在讨论贝亚特·克拉斯菲尔德事件之前，我想预先就中德两国的纪念文化发表一点看法。我认为，德国是一个纪念文化高度发达的国家，而中国在这方面是一个发展中国家。中德两国在纪念文化方面既有量的差异，也有质的差异。

对于任何一个初到德国的中国人来说，这里所说的量的差异都是显而易见的。德国不仅有更多的纪念场所和纪念碑。德国城市中的历史人物塑像也是数量众多，多种多样。这些城市以各自的方式表达为其英雄儿女感到的自豪，表达对英雄儿女的怀念。在我们中国人看来，特里尔是一个小小的例外，它之所以引起我们关注，是因为这座城市见不着它最伟大的儿子——卡尔·马克思——的雕像。于是，吴为山先生，一位杰出的中国雕塑家，受中国政府委

---

[1] 2015年12月3日，来华访问的贝亚特·克拉斯菲尔德女士应邀在德国驻华使馆大使官邸做专场报告。在其报告之后的讨论环节中，笔者作为报告评议人与德国驻华大使柯慕贤（Michael Clauss）先生、法国驻华大使顾山（Maurice Gourdault-Montagne）先生、中国社会科学院欧洲所前所长周弘女士一道与贝亚特·克拉斯菲尔德女士展开对话和讨论。

六 一记堪比华沙之跪的响亮耳光

托，创作了一座总高 5.5 米的马克思塑像（人像高 4.9 米，基座高 1.4 米），作为礼物赠与特里尔市。始料不及的是，一些德国人并不领情[1]。他们对这份来自中国的礼物做出的反应，就像是外地人把猫头鹰拎到雅典[2]。

在德国，以历史人物命名的街道和广场随处可见。因此，如果在大大小小的德国城镇的街区悠闲地漫步，人们总能学到不少历史知识和地方志知识。据此，我们完全可以为德国描绘又一幅文化肖像：德国不仅是一个盛产诗人和哲人的国度，这里还有浓郁的历史意识和欣欣向荣的纪念文化。

作为中国人，我很羡慕德国人在一个半世纪前就有了一座万神殿。我指的是 1842 年在巴伐利亚雷根斯堡东郊位于多瑙河畔的一座山顶上拔地而起的瓦尔哈拉英灵殿。这座旨在为纪念"出类拔萃的德国人"修建的名人堂，从诞生之日起就成为检验社会共识的试金石。因为，每一次有关谁可以进入瓦尔哈拉的讨论实际上都会涉及"何谓英雄"的话题。

中国是一个需要大力发展纪念文化的国家。我们的历史悠久，又是一个文明古国，相比之下，我们的历史人物塑像不多，以历史

---

[1] 德国媒体出现了反对接受马克思雕像的声音。雕像原本设计高 6.5 米，德方嫌大，所以改为 5.5 米。

[2] "把猫头鹰拎到雅典"是一句德文谚语，意为多此一举，因为传说雅典盛产猫头鹰。

人物命名的街道和广场更是少而又少。最令人感到遗憾的是，中国缺少一个国家级名人堂，缺少一个让公认的历史伟人聚集一堂的雕像纪念馆。而且当今的中国，迫切需要振奋人心的民族叙事，而民族叙事的核心，就是在我们的漫长的文化历史中涌现出来的一个又一个的民族英雄。迄今为止，我只在浙江宁波看见一个中国版和地方版的"瓦尔哈拉"——宁波帮博物馆。宁波无疑是一座人杰地灵的城市，它是诸多历史名人，尤其是闻名遐迩的商界人士的摇篮。但是，人杰地灵的城市在中国还有许许多多。

国家级名人堂的缺失，说明我们在涉及"何谓英雄"的问题时还缺少共识。即便是孔子，人们的看法也不尽相同。譬如，2011年1月11日，一座总高9.5米的青铜孔子立像（人像高7.9米，基座高1.6米）出现在天安门以东的中国国家博物馆北门广场。许多人为之叫好，说这座雕像的"地理位置足以说明它的特殊的文化和政治地位"[1]。然而3个月后，雕像被转移到国博西侧北庭院内。有关方面的解释是，国博西侧北庭院原本就是为中华名人雕像群落准备的，此前只是"因庭院建设工程未完工，孔子雕像暂安放在国博门外小广场"[2]。这尊孔子雕像的创作者也是吴为山先生。他把孔子比作"一座文化泰山"[3]。

---

[1] 参见2011年1月14日《南方日报》。

[2] 参见2011年4月20日《北京晚报》。

[3] 参见2011年1月14日《南方日报》。

但是我相信，希望看见孔子立像矗立在国博北门广场的尊孔人士，看到雕像转移之后，其心灵之眼看到的不是一座文化巅峰，而是一条灰溜溜的丧家犬。而丧家犬正是孔子生前就有的人生写照。

当今中德两国的纪念文化的一个本质差异，在于一者主要致力于英雄叙事，一者转向去英雄化叙事。德国出现的转折自然与其特殊的历史密切相关。第二次世界大战结束后，德国和奥地利"在很长一段时间几乎没有使用过'英雄'这一词语"[1]。就是说，在纪念文化领域，我们处在——套用席勒的术语——"素朴"阶段，德国人则进入了"感伤"阶段。德国的纪念文化最迟在20世纪末出现了转变。从那时起，德国人不仅不再以传统意义上的民族英雄作为纪念对象，而且对英雄这一概念满腹狐疑。受害者而非英雄人物成为德国纪念文化的工作重心。位于德国首都心脏地带的两个政治地标就很典型：一个是位于柏林菩提树下大街4号的德国国家纪念堂，其纪念对象是"战争和暴政的牺牲品"。偌大的纪念堂仅在殿堂的中央安放一尊雕塑，那是凯绥·珂勒惠支（Kaethe Kollwitz）创作的《母亲与亡子》[2]。另一个是位于柏林传统地标勃兰登堡门

---

[1] 参见德文维基百科"英雄"词条。

[2] 其原型是欧洲艺术史上广为人知的《圣母哀恸图》。正因如此，犹太人认为自己需要单独的一个纪念碑，一来这是基督教艺术，二来是因为奥斯维辛通常是让整个的犹太家庭有去无回，不会留下一个哀恸的母亲。

和新建地标波茨坦广场之间的欧洲遇害犹太人纪念碑，一个由大大小小、高高低低的 2 711 块深灰色混凝土板组成的纪念碑林。一言蔽之，德国似乎已进入后英雄时代。在今天的德国，倘若贝多芬和理查·施特劳斯在世，他们不会再去谱写《英雄交响曲》或者《英雄生涯》，倘若维尔纳·桑巴特在世，他估计不再有撰写《商人与英雄》的底气，因为他笔下的商人和英雄分别指的是英国人和德国人。

2

下面我就谈谈德国历史最有名的一记耳光的来龙去脉及其社会反响。

1968 年 11 月 7 日，德国基督教民主联盟的党代会在西柏林蒂尔加滕区的会议中心举行。在德国《明星》周刊的一名摄影记者的帮助下，贝亚特·克拉斯菲尔德用假冒的记者身份成功进入会场，再巧妙地登上主席台，走到联邦总理兼基民盟党主席基辛格身后，从后面对基辛格狠狠地扇了一耳光，又连喊三声"纳粹！"这一瞬间被记者及时抓拍下来。西德总理在党代会上遭遇一记响亮的耳光的消息很快就传遍全世界。

贝亚特·克拉斯菲尔德是谁？她为何非打基辛格一记耳光不可？

六 一记堪比华沙之跪的响亮耳光

贝亚特·克拉斯菲尔德，1939年出生在柏林，原名贝亚特·金策尔。1960年，她作为互惠生前往巴黎，计划在巴黎待一年。她由此遇到后来的丈夫塞尔日·克拉斯菲尔德（Serge Klarsfeld）。塞尔日是一名犹太裔法国律师和历史研究者，父亲在奥斯维辛集中营中遇害。与塞尔日结婚后不久，她在新成立的德法青年交流中心秘书处找到一份工作。1964年，她加入了德国社会民主党（简称：社民党）。

在法国，她感受到犹太人大屠杀所造成的严重后果。这让她深受触动，因为她现在既是施害者民族的一员，又是犹太家庭的一员。基辛格引起她的注意，是在1966年。这一年的12月，基辛格出任联邦总理。对西德的选情进行报道的法国报纸含蓄地、点到为止地提到基辛格个人的纳粹历史。贝亚特·克拉斯菲尔德随即展开调查研究，很快确定了基辛格的纳粹身份。1966年1月和3月，她两次在法国的《战斗报》发表反基辛格的专栏文章。受汉娜·阿伦特（Hannah Arendt）有关"平庸者的恶"（即恶的平庸性）的论述的启发，她把基辛格定义为"体面者的恶"的化身，进行猛烈的抨击。然而，她的专栏文章首先让她本人尝到了后果：1967年8月，法德青年交流中心将她解雇。理由是她的文章"严重违反德法青年交流中心成员章程第3条第2款所规定的忠诚原则。根据该条款，中心成员必须谨言慎行，避免做任何有可能背离其在德法青年交流中心的职责和义务或者可能对德法青年交流中心造成物质或非物质损害的事情"[1]。

被德法青年交流中心解雇后,她没有气馁,反而变得斗志昂扬。她开始和丈夫一起对基辛格的过去进行深入系统的研究。研究越深入,她越是无法理解基辛格为何得以进入联邦德国政府最高层。此人在1943年出任纳粹德国外交部广播政策司副司长,由此成为纳粹德国进行海外宣传的主要负责人。对贝亚特·克拉斯菲尔德来说,这个人就是一个标准的"案头罪犯",也就是坐在写字台后面的罪犯。他比在奥斯维辛集中营里直接实施暴力的行刑者更邪恶、更糟糕。她将这两者之间的区别总结如下:"行刑者是一个具有施虐倾向的受命者。然而,唤起他人的施虐倾向并对一个他明知要被灭亡的民族进行污蔑诽谤的人,对这场史无前例的屠犹罪行负有更大的责任。"[2]

贝亚特·克拉斯菲尔德不仅在柏林和波茨坦、而且在伦敦和华盛顿的档案馆里发现大量可以揭露基辛格的史料和文件。她自费印制了一份题为《有关基辛格的真相》(*Die Wahrheit über Kiesinger*)的小册子,并在1967年圣诞节前夕出版。她希望能够通过公开这些文件迫使基辛格辞职,推翻基民盟政府。为此,她尝试在德国媒

---

[1] Beate und Serge Klarsfeld: Erinnerungen. Mit einem Vorwort zur deutschen Ausgabe von Arno Klarsfeld. Aus dem Französischen von Anna Schade, Andrea Stefanie und Helmut Reuter. Piper München Berlin Zürich 2015. S.94.

[2] Ebd., S.105 f.

六　一记堪比华沙之跪的响亮耳光

体上掀起一场讨伐基辛格的运动，但是未能成功。各大媒体的主编和专业记者对她的计划缺乏兴趣，认为她的想法太不现实。他们告诫或者说搪塞她的一句口头禅就是："没错，没错，这非常有趣，但你又能怎样，他已经当上了总理。"[1] 面对这种情况，她觉得必须争取大学生的支持，尤其是正在进行造反的德国社会主义学生同盟[2]和院外反对派[3]的成员。她需要和大学生组成一个反基辛格阵线，与此同时，她必须单独采取行动。1968 年 4 月 2 日，当基辛格在首都波恩的联邦议院发表讲话的时候，她从旁听席上向基辛格高喊："纳粹，下台！"她随即被警察带走，但很快获释。5 月 9 日，在柏林工业大学大礼堂举行的一次活动中，她向约 3 000 名大学生承诺，一定要在公开场合扇基辛格一记耳光。听到贝亚特·克拉斯菲尔德的庄严承诺，学生们一片欢呼，但并未当真。但贝亚特·克拉斯菲尔德本人却是当真的，虽然她还不知道如何实现自己的承

---

[1] Beate und Serge Klarsfeld: Erinnerungen. Mit einem Vorwort zur deutschen Ausgabe von Arno Klarsfeld. Aus dem Französischen von Anna Schade, Andrea Stefanie und Helmut Reuter. Piper München Berlin Zürich 2015. S.119 f.

[2] 成立于 1947 年的德国社会主义学生同盟被称为"68 学生运动"的发动机。其核心人物是鲁迪·杜奇克。

[3] 1966 年，西德首次出现两大政党即基民盟和社民党组建的大联合政府，议会内部的在野反对派变得无足轻重。在此背景下，由青年学生发起、名为院外反对派的反对派运动便应运而生。其基本主张包括：反越战、要求高校改革、反紧急状态法、支持美国国内的平权运动。

诺。6 个月后，当基辛格到西柏林参加基民盟党代会的时候，她兑现了自己的承诺。说来也巧，她在大庭广众之下打基辛格一记耳光那一天，恰好是俄国十月革命纪念日，也是她自己的结婚五周年纪念日。

贝亚特·克拉斯菲尔德的得力队友来自媒体。当她为如何实施自己的行动计划绞尽脑汁的时候，有人就建议她与追求轰动效应的媒体合作。谁都知道，越邪乎的事情，媒体越欢迎。她还得到一个非常具体也非常实用的建议："找一个摄影记者合作。你用他的记者证入场，他可以由此拍到一张打总理耳光的好照片。"[1] 她立即采纳了这个建议。随后，她与《明星》周刊的一位摄影记者取得联系。果不其然，这位记者给她提供了她所需要的帮助，使她混入了基民盟在柏林希尔顿酒店举行的一场鸡尾酒会，准备在酒会上下手。但事情很不凑巧，基辛格当天因为感冒缺席。最后，她在基民盟党代会的闭幕式会场打出了那一记耳光，《明星》周刊的记者也如愿以偿，拍到一张来之不易的照片。

---

[1] Beate und Serge Klarsfeld: Erinnerungen. Mit einem Vorwort zur deutschen Ausgabe von Arno Klarsfeld. Aus dem Französischen von Anna Schade, Andrea Stefanie und Helmut Reuter. Piper München Berlin Zürich 2015. S.133.

公众的反应

这记响亮的耳光给西德社会造成巨大的震动,也造成了分裂。造反的大学生和诸多左翼知识分子为之欢呼雀跃。在贝亚特·克拉斯菲尔德打出耳光的当天晚上,几千名大学生聚集在柏林自由大学的大礼堂,以雷鸣般的掌声欢迎她的到来。在这之前,被安保人员带走的贝亚特·克拉斯菲尔德被一个临时法庭判处一年监禁,但又随即获释,因为她持有法国护照。尽管如此,主审法官家里的窗户玻璃在当天晚上被人用两块用《明星》周刊的封面包裹起来的铺路石砸碎。打耳光事件过去不到36小时,贝亚特·克拉斯菲尔德就在巴黎收到知名作家海因里希·伯尔(Heinrich Böll)寄来的一束红玫瑰。与此同时,讽刺作家沃尔夫冈·艾伯特(Wolfgang Ebert)在《明星》周刊撰文论述这记耳光的象征意义。

然而,德国民众普遍不认可她的行为。一位《图片报》的读者和一位在事发现场与同事一起拘留贝亚特·克拉斯菲尔德的警察的反应就很说明问题。前者在一封公开的读者来信中写道:"贝亚特·克拉斯菲尔德不仅打了联邦总理,她还公开侮辱了德国人民",后者则愤怒地高喊:"她打了我们的总理!"[1] 而即便是贝亚

---

[1] Beate und Serge Klarsfeld: Erinnerungen. Mit einem Vorwort zur deutschen Ausgabe von Arno Klarsfeld. Aus dem Französischen von Anna Schade, Andrea Stefanie und Helmut Reuter. Piper München Berlin Zürich 2015. S.146.

特·克拉斯菲尔德的母亲，也不赞成女儿的所作所为。她的评论言简意赅：她的女儿无非是一个"坏女孩"[1]。

贝亚特·克拉斯菲尔德也受到政治和知识精英的谴责和辱骂。《德意志周报》声称诊断出一种新型疾病：克拉斯菲尔德癔症，一种典型的女性精神分裂[2]。《南德意志报》则把她称为"穿短裙的高个子迷你型恐怖分子"[3]。作家君特·格拉斯在《时代》周报上写道："一巴掌不是论据，一巴掌只能让论据贬值。"格拉斯对伯尔提出批评，说他不应该用玫瑰花对贝亚特·克拉斯菲尔德进行声援和鼓励。伯尔则回应说："是否有必要向一位女士献花，这事由我自己做主。"[4] 在德国，人们对总理被扇耳光这一事件的看法各不相同，甚至可以说负面居多，国外舆论则是一片叫好——从以色列到东欧、苏联再到中国。《人民日报》1968年11月12日以《西德反动总理当众挨揍》为题进行了报道[5]。总之，这记耳光不仅载入史

---

[1] https://www.fr.de/politik/beate-klarsfeld-unbeirrbare-11318185.html, 2024.8.

[2] Beate und Serge Klarsfeld, a.a.O., S.146.

[3] Beate und Serge Klarsfeld: Erinnerungen. Mit einem Vorwort zur deutschen Ausgabe von Arno Klarsfeld. Aus dem Französischen von Anna Schade, Andrea Stefanie und Helmut Reuter. Piper München Berlin Zürich 2015. S.147.

[4] Ebd., S.148.

[5] 文章在开篇写道："西柏林从来不是西德的一部分，但是西德的执政党基督教民主联盟在美帝的庇护下，又在西柏林挑衅性地召开年会，曾经是希特勒纳粹党徒的基辛格大模大样地坐在主席团上……"1968年11月12日《人民日报》第六版。

册，而且成为史上最有名的一记耳光。

3

在我看来，贝亚特·克拉斯菲尔德事件之耐人寻味，在于事过50年依然有包括知识分子在内的诸多德国人不肯原谅她。按理说，这几十年的世事变迁本应有助于人们转变思维，对她昔日的大胆举动做出积极的评价。至少有三方面的情况值得一提：一是让德国社会、文化和政治出现巨大转折的"68学生运动"，这场运动的影响是如此地广泛和深刻，以至于有人建议将其定为联邦德国的建国神话[1]；二是联邦德国在反省历史方面取得巨大进步，这些有目共睹的进步为德国人赢得"记忆文化世界冠军"的美誉[2]，相应地，"正确对待自身历史"成为联邦德国的"软实力"；三是贝亚特·克拉斯菲尔德早已成为国际知名人士。通过她长年周密细致地调查和追踪，藏匿在世界各地的一些纳粹要犯纷纷落网，她本人不仅有了"捕获纳粹的女猎人"的声誉，国际社会也对她进行了肯定和表彰。譬如，1974年以色列授予她"隔都勇士奖章"，以色列议会还

---

[1] https://www.deutschlandfunkkultur.de/ 1945-und-1989-gruendungsmythos-eines-wiedervereinigten.1005.de.html?dram:article_id=320781, 2024.8.

[2] Aleida Assmann: Das neue Unbehagen an der Erinnerungskultur. Eine Intervention. C.H.Beck. München 2013. S.59.

两度将她提名为诺贝尔和平奖候选人。在法国，她更是三次受到嘉奖：1984年，法国总统弗朗索瓦·密特朗授予她"荣誉军团骑士勋章"；2007年，法国总统萨科齐授予她"荣誉军团军官勋章"，2011年萨科齐总统给她再度授奖，这回是"法兰西国家功勋司令官勋章"。

德国人却不为所动。在德国，贝亚特·克拉斯菲尔德整体上依然是一个负面形象。2012年，她作为左翼党派候选人竞选联邦总统，与约阿希姆·高克（Joachim Gauck）竞争。德国媒体纷纷开足马力对她进行批评和指责。批评者依然死死揪着1968年的耳光事件不放，还使出了在联邦德国对付政治对手的撒手锏——指出对方与前东方集团或者民主德国政府有暧昧关系。为此，有人指责她接受了东德政府寄来的2 000西德马克的奖金，还把她称为"通过赞助费用产生的英雄"。2012年3月18日《世界报》还以此为题进行报道。有人还质问贝亚特·克拉斯菲尔德为何没想到去赏前东德领导人瓦尔特·乌布里希一耳光[1]。有鉴于此，法兰克福《回声报》总结道："德国人还是不想赋予贝亚特·克拉斯菲尔德英雄身份。"[2]

---

[1] https://www.welt.de/debatte/article13914521/Auch-Ulbricht-haette-Ohrfeige-von-Klarsfeld-verdient.html, 2024.8.

[2] https://www.fr.de/politik/beate-klarsfeld-unbeirrbare-11318185.html, 2024.8.

六 一记堪比华沙之跪的响亮耳光

2015 年，德国官方对贝亚特·克拉斯菲尔德的态度终于出现转变，授予她和她的丈夫联邦一级功勋十字勋章。然而，这并未减少人们对贝亚特·克拉斯菲尔德的普遍反感。联邦政府的授勋决定立即引来抗议。有人说这是"联邦总统的荒唐决定"，是"给既往的勋章获得者的一记耳光"，等等[1]。更多的人则是默默摇头。他们在私人交谈中表达自己的不满乃至震惊。他们对贝亚特·克拉斯菲尔德的纳粹捕手的身份无话可说，但依然对耳光事件耿耿于怀。他们为此提出多种理由。笔者在与几位德国学者进行私下讨论之后，觉得他们如下的几个看法值得关注：第一，"以侮辱性极强的暴力手段对待民主选举产生的联邦总理"是一种"无法进行任何辩解的反民主的恐怖主义行为"，这种行为不仅应该受到蔑视，还应该受到严厉的惩罚；第二，基辛格不是一个死心塌地的纳粹分子，也不反犹，他在战后洗心革面，成为民主制度的拥护者；第三，基辛格是一个出色的演说家，具有非凡的人格魅力，他组建了联邦德国历史上的第一个大联合政府。诸如此类，不一而足。

贝亚特·克拉斯菲尔德在其回忆录中也对基辛格人气甚旺的原因进行了补充。她提到了基辛格的个人魅力，譬如，他相貌堂堂，他是一个好丈夫、好父亲，他还是一个令人感动的动物爱好者。据

---

[1] https://www.tichyseinblick.de/daili-es-sentials/ohrfeige-fuer-alle-bundesverdienstkreuz-fuer-beate-klarsfeld, 2024.8.

说，家住博登湖畔的基辛格，曾因看见一只可卡犬溺水，便果断地放船营救。[1]

4

既然如此，贝亚特·克拉斯菲尔德算是女英雄吗？

我们的回答当然是肯定的。不乐意乃至拒绝将她视为英雄的，不妨看看德文维基百科是如何定义英雄这一概念的。维基百科说，成为英雄，需满足三个条件：第一，他必须勇敢无畏，敢于自我牺牲；第二，他必须做出非凡之举；第三，他必须为正义事业而战。[2] 据此，我们不妨按图索骥，看看贝亚特·克拉斯菲尔德是否符合英雄定义。首先，在众目睽睽之下打联邦总理一记耳光是一个极其冒险的行为，需要莫大的勇气乃至自我牺牲精神。对政府首脑进行袭击对袭击者来说是一件非常危险的事情。贝亚特·克拉斯菲尔德的法国婆婆事前就告诫她："你谨防被警察枪杀，因为他们有可能认为这是一次未遂的暗杀行动。"[3] 贝亚特·克拉斯菲尔德本人也在事后得知，在她行动那一刻，现场有 6 名持枪保镖，其中一人已经开始掏枪。在当时的政治气候下，她还面临民间的右翼极端分

---

[1] Beate und Serge Klarsfeld:, a.a.O., S.120.

[2] 中国第一大搜索引擎百度对英雄也有类似的定义。

[3] Beate und Serge Klarsfeld:, a.a.O., S.130.

子的威胁。西柏林学生运动的领袖鲁迪·杜奇克（Rudi Dutschke）就是一个触目惊心的前车之鉴。1968年4月11日，杜奇克在西柏林选帝侯大街被隶属一个新纳粹团体的约瑟夫·巴赫曼（Josef Bachmann）[1]当街枪击。巴赫曼明确表示他想杀一儆百。

现在我们需要回答具有决定性意义的第三个问题，即正义性问题。贝亚特·克拉斯菲尔德是在替天行道吗？或者说，联邦德国的政府首脑是前纳粹分子这一事实意味着什么？可不可以接受？这个问题其实早就有了答案。我们不妨听听文学家君特·格拉斯和哲学家卡尔·西奥多·雅斯贝尔斯（Karl Theodor Jaspers）怎么说。

基辛格刚刚作为总理候选人出现，君特·格拉斯就在一封公开信中对其提出质问："如果您带着您那非同小可的历史包袱走上联邦总理的岗位，我们国家的年轻人还能拿出什么论据来批驳一个死灰复燃的昔日政党，即如今的德国国家民主党？"[2]雅斯贝尔斯同样对基辛格竞选联邦总理的决定感到失望。他写道："政府、教育和经济部门的确不可能全部由历史清白的人来掌控，因为他们人数太少。但如果让一个前纳粹党人来领导联邦德国，这意味着一个人有

---

[1] 杜奇克死于1979年。

[2] Die Zeit, 20. 12. 1968. Zitiert nach Beate und Serge Klarsfeld, a.a.O., S.148. 德国国家民主党成立于1964年，其前身是极右政党德意志帝国党。——笔者注

无纳粹历史根本就无所谓了。他出任巴符州州长的时候[1]，没人提出异议。但是，如果他出任联邦总理呢？那就另当别论了。"[2]

格拉斯和雅斯贝尔斯虽然属于人间清醒，但是他们发出的告诫无人理会。基辛格最终当选为联邦总理。当时绝大多数西德人显然对现任总理是前纳粹分子这一情况无动于衷，他们认为这不足挂齿。一方面，这要归咎于雅斯贝尔斯所指出的一个可悲事实，即国家的运转需要保持人才的连续性。德国的非纳粹化运动即便不是一开始就注定要失败，也是收效甚微。一个令人尴尬的事实就是当时的西德有纳粹经历的人实在太多，在聪明人或者有用人才中间更是数不胜数。纳粹党如此地人才济济，仿佛一个人的教育水平越高，就越容易被纳粹思想所吸引。哲学家、思想家海德格尔和法学家、政治思想家卡尔·施密特（Carl Schmitt）是最有名的实例。上述的尴尬也得到相关统计数据的证实。譬如，"纳粹党卫军有30%的成员拥有大学学历，而在纳粹德国的总人口中，这一数字仅为3%。有大学学历的商人和自由职业者尤其是律师在党卫军所占的比例远高于其他纳粹组织"[3]。另一方面，一项统计则表明，

---

[1] 基辛格从1958年到1966年出任巴登-符腾堡州州长。

[2] Karl Jaspers, *Antwort. Zur Kritik meiner Schrift: Wohin treibt die Bundesrepublik?* München 1967. S.216. Zitiert nach Zitiert nach Beate und Serge Klarsfeld, a.a.O.,S.89.

[3] Peter Reichel: Der schöne Schein des Dritten Reiches. Faszination des Faschismus. Carl Hanser Verlag 1991 S.225.

律师和日耳曼学者十有八九站在纳粹一边[1]。因此，如果说战后的德国普遍存在抵制非纳粹化运动的强烈情绪，那也不足为怪。维尔茨堡的地区行政长官就在1945年8月的一份报告中指出："非纳粹党化措施在民众中间缺乏道德共鸣。"[2] 与此同时，新教教会的主教沃姆（Theophil Wurm）指责非纳粹化运动是盟军的"复仇和报复思想"的表现，认为"在公务员系统不分青红皂白地铲除纳粹人员"极其不妥[3]。凡此种种，自然导致非纳粹化运动的失败。研究纳粹历史的知名学者彼得·赖歇尔（Peter Reichel）写道："一场轰轰烈烈开始的大规模官僚清洗行动（非纳粹化运动），很快就作为一场大规模的、但悄无声息的大赦运动告终。"[4] 耐人寻味的是，对于这场悄无声息的大赦运动，国外也有人表示理解，其中包括法国著名的抵抗运动领袖亨利·弗里内（Henri Frenay）。贝亚特·克拉斯菲尔德曾试图让弗里内加入反对基辛格的行动。弗里内却在给她的回信中写道："如果要贯彻您的思路，就必须对不管在什么时候拥有过纳粹党党证的德国人进行永久封杀。……其结

---

[1] Lexikon der „Vergangenheitsbewältigung" in Deutschland. Torben Fischer, Mathias N. Lorenz (Hg.). Debatten- und Diskursgeschichte des Nationalsozialismus nach 1945. Transkript Verlag Bielefeld, 2009. S.20.

[2] Frank Biess, *Republik der Angst. Eine andere Geschichte der Bundesrepublik*. Rowohlt. 2019. S.78.

[3] Ebd., S.78 f.

[4] Peter Reichel, a.a.O., S.78f.

果就是，四十岁以上的德国男人几乎全部要从公务员系统中予以清除。"[1]

西德人不在乎联邦总理的纳粹历史，自然也有思想原因。在战后的西德，纳粹流毒和纳粹余孽可谓交相辉映。其实，在第二次世界大战结束时，德国人既未经历所谓的零点时刻，也不可能做到洗心革面。战后初期皈依民主思想的德国人少而又少。在联邦德国的前二十年里，不仅有许多前纳粹分子担任政府要职，而且这些人往往一开口就原形毕露。当时一些社会名流对鲁迪·杜奇克和贝亚特·克拉斯菲尔德的公开谩骂就很说明问题。例如，鲁迪·杜奇克被基社盟的一位政治家形容为"不洁的、肮脏的、长满虱子的烂人"[2]，此人可能没有意识到自己的话得灵于在昔日的犹太集中营比比皆是的卫生宣传海报："一只虱子，要你的命！"[3]联邦政府柏林事务特别专员恩斯特·莱默尔（Ernst Lemmer）则在记者面前对贝亚特·克拉斯菲尔德做出如下评论："这是一个没有得到性满足的年轻女人。要是她的脸色不那么苍白，她看起来会很

---

[1] Beate und Serge Klarsfeld, a.a.O., S.97.

[2] https://www.zdf.de/nachrichten/heute/achtundsechziger-rueckblick-auf-ein-bewegtes-jahr-100.html, 2024.8.

[3] 1942年底，人满为患的集中营都暴发了伤寒瘟疫。为此，党卫军掀起一场除虱运动，其中包括让囚犯洗高温热水澡和对其人身和衣物喷洒消毒剂等极端措施。

漂亮。"[1] 同样地，20 世纪 60 年代的德国警察也是张嘴就来纳粹时期的语言和脏话。在西柏林，当几个警察揪着大学生汉斯·吕迪格·米诺（Hans Rüdiger Minow）的头发将他拖过马路时，警察嘴里还在一直不停地骂他是"犹太人"和"猪猡共党"[2]。

综上所述，贝亚特·克拉斯菲尔德打出的一记耳光不仅勇敢，而且正义。她既打出了昔日德国的一个社会阴暗面，又打出了诸多志同道合者的心声。不少进步人士都希望通过媒体攻势迫使纳粹总理下台，但由于基辛格人气甚旺，德国媒体无意发起针对基辛格的媒体攻势，所以人们无可奈何。然而，基辛格在一年之后还是被迫下台，并由此成为西德历史上任期最短的联邦总理。应该说，贝亚特·克拉斯菲尔德功不可没[3]。格拉斯等诸多德国知识分子并不希望基辛格成为联邦德国的政治领袖，但是他们缺少行动意志和行动能力。如是观之，贝亚特·克拉斯菲尔德不应成为其谴责对象，而应成为其感谢对象。

---

[1] Beate und Serge Klarsfeld, a.a.O., S.138.
[2] Frank Biess, a.a.O., S.243.
[3] 1968 年 11 月 16 日的《人民日报》有一条值得关注的后续报道：11 月 14 日，比利时青年抗议基辛格到访布鲁塞尔，还不断高喊"基辛格是杀人犯"和"纳粹！纳粹！"等口号。

5

作为中国的日耳曼学者,我对贝亚特·克拉斯菲尔德事件的兴趣自然多少带有本土关怀和现实关怀。我们中国人在谈到德国人如何反省历史、克服过去的时候难免要联想到日本。

在我们看来,德国和日本有不少共性。譬如,19世纪末,德国在普鲁士的领导下强势崛起,成为欧洲乃至世界强国,而几乎在同一时期,日本通过明治时期实现了现代化转型,成为东亚强国。又如,日本人被誉为"亚洲的普鲁士人",他们和普鲁士人一样,他们拥有勤奋、秩序、守时、整洁等美德[1];再如,德国和日本不仅是第二次世界大战中的侵略者,而且结为轴心同盟与盟军作战,最终双双战败,还受到严厉惩罚:德国受到德累斯顿等系列大轰炸,还丢失了三分之一的土地,日本有广岛、长崎的核爆以及东京大轰炸;最后,德、日两国在战后很快得以重振,双双创造了令人侧目的经济奇迹,使两国在长达半个多世纪的时间里享有世界第二和世界第三经济大国的地位。如今的日本和德国,是第二世界中最为成功的经济大国,彼此还有点惺惺相惜:作为第二次世界大战的战败国,它们在军事上被美国罩着或者说看着,各自领土上都有美军驻

---

[1] 在德国,这类美德常常被称为与"基本美德"相对应的"二级美德"。前者指符合宗教教义和人道主义精神的为人处世方式。

六 一记堪比华沙之跪的响亮耳光

扎，与此同时，两国都渴望成为联合国安理会常任理事国。

但就其对待历史的态度而言，德日两国形成了鲜明的对比。1970年12月7日，一位西德总理在华沙纪念碑前下跪，以纪念1943年在华沙犹太人隔离区起义的遇害者；在日本，尽管饱受其害的邻国屡屡提出抗议，日本的政客们仍然年复一年地去参拜供奉着日本甲级战犯的靖国神社；德国知识和政治精英普遍认为纳粹主义是全体德国人民必须面对的可怕遗产，有人甚至提出把奥斯维辛确立为联邦德国的建国神话的倡议，在日本，中小学教科书用广岛核爆来构筑第二次世界大战叙事，只讲日本如何受害，不讲日本如何施害，更不谈牵涉第二次世界大战历史的大是大非问题，因此，无论对于南京大屠杀还是韩国的慰安妇问题，日本人都无法做到真诚致歉和谢罪。在德国，有许多纪念日和纪念馆提醒德国人记住本国曾经犯下的罪行，在日本，需要日本人民记住的，主要是美国的原子弹所投掷的时间和地点。

贝亚特·克拉斯菲尔德给德国总理的一记耳光却让我们意识到，在克服历史的问题上，我们有必要对我们心中的德国形象进行微调。我们必须认识到，至少在第二次世界大战之后的头二十年里，德日两国在对待自身的黑暗历史方面上没有本质差别。譬如，两国都有许多问题人物甚至是战犯招摇过市。众所周知，安倍晋三的外祖父、甲级战犯岸信介曾入狱三年，获释后却在1957年至1960年间成为日本首相。在联邦德国，曾为纳粹外交部官员的基辛格在1966年当选第三任联邦总理,被称为"集中营建筑师"的卡尔·海因里希·吕布克(Karl Heinrich Lübke)则在1959年至1969年间担任联邦总统,此人还因诸多奇葩言论屡屡成为公众的笑谈对象[1]。此外,第二次世界大战中的两个轴心国盟友还互有好感,西德政府曾在1962年异想天开,授予岸信介联邦一级功勋十字勋章。

贝亚特·克拉斯菲尔德打出的一记耳光和勃兰特的华沙之跪,不仅在思想上紧密相连、彼此呼应,而且共同标志着德国人在对待历史问题上的一个转折点。如果说维利·勃兰特的华沙之跪表示西德人为纳粹德国的屠犹暴行感到羞耻和悔罪,那么,贝亚特·克拉斯菲尔德那一记耳光则告诉世人,西德人为比比皆是的纳粹余孽和纳粹流毒感到羞耻和愤怒。可以说,二者从不同的角度反映了西德人的自我反省和自我批判。

无论过去和现在的德国人如何看贝亚特·克拉斯菲尔德,作为一个中国人,我对她的行为深表敬意。我认为,她的行为是英雄之举,堪与勃兰特的华沙之跪媲美,是战后德国在反省历史道路上的一个里程碑。如果说勃兰特的华沙之跪象征了西德人因其新近历史产生的罪孽意识和道德诉求,那么贝亚特·克拉斯菲尔德则通过掌

---

[1] 卡尔·海因里希·吕布克(1894—1972),基民盟政治家,联邦德国第二任总统,被指在1944年负责建造一座集中营并且征用集中营囚犯做劳役。

掴纳粹总理提醒人们注意西德人所缺乏的罪孽意识和建制派的心安理得。勃兰特的华沙之跪和贝亚特·克拉斯菲尔德的耳光让人看到一个好的德国和一个不太好的德国。我真心希望我们的东邻日本能够出一位贝亚特·克拉斯菲尔德式的女英雄，真心希望有这样一位年轻的日本女性因为某个日本政要参拜靖国神社而扇他一记耳光。我不仅深信这记尚未打出的耳光有助于改善日本的国家形象，而且希望它在德国媒体产生积极的反响。

6

　　一个人是否是英雄，常常需要盖棺定论。英雄的身后往往有以英雄命名的街道、广场或者建筑物，英雄的墓前还会奏响贝多芬的《英雄交响曲》，英雄的立像或者半身塑像也会出现在公共场所。有时候，英雄之路是一条长征路。对此，与其说贝亚特·克拉斯菲尔德，不如说德国人任重而道远。

　　中国人如何看贝亚特·克拉斯菲尔德，德国人可以不屑一顾。法国人是什么态度，他们不应该无动于衷。要知道，在法国，贝亚特·克拉斯菲尔德很早就受到嘉奖，获得了最高荣誉。法国位于德国的西边，而战后德国的立国之本就是向西方学习、向西方靠拢。更为重要的是，法德两国还携手对欧盟进行双王统治。因此，法德两国应该享有共同的价值观。可是，两国的态度为何相差甚远？

阿多诺说过，德国存在一个"名为海涅的社会创伤"。他指的是德国社会一直存在对海涅的敌意，不肯承认海涅的伟大。阿多诺这句名言放在今天更好理解。我们知道，海涅的故乡杜塞尔多夫前后经历了20年的斗争，才得以用海涅的名字来命名杜塞尔多夫大学。我们还知道，海涅死后约150年，才得以进入瓦尔哈拉英灵殿。有鉴于此，我们可以问问如今的德国是否有一个"名叫贝亚特·克拉斯菲尔德的社会伤口"。或者说，贝亚特·克拉斯菲尔德是墙内开花墙外香的又一例证？贝亚特·克拉斯菲尔德成为一个社会伤口，是否因为第三帝国的起源问题依然悬而未决？第三帝国的追随者如此之多，档次如此之高，它还能被视为德国历史发展的一个意外事故吗？

我很高兴地听说贝亚特和塞尔日·克拉斯菲尔德夫妇即将获得2019年度法—德媒体大奖。据我所知，法国前总统德斯坦、德国前总理施密特等知名人士都曾获此殊荣。[1]

---

[1] https://www.sr.de/sr/home/der_srkommunikation/aktuell/20190404_pm_deutsch_franzoesischer_medienpreis_ehepaar_klarsfeld100.html, 2024.7.

七　为德中友谊一辩[1]

对于关心中德友好关系的中国人而言，2022年是不堪回首的一年。在中德两国建交50周年之际，双边关系却恰恰跌入了低谷。人们期待已久的盛大庆典未能举行；双边的人员往来少之又少；奥拉夫·朔尔茨（Olaf Scholz）在当选联邦总理之后选择日本作为其首访亚洲的目的地，旅行途中还对中国摆出了过门不入的姿态。想当初，默克尔总理在外交上总是奉行中国优先的原则：中国是她上任后出访的第一个亚洲国家，在其总理任期内，她共计12次访华。

就在我们的双边关系进入政治寒冬的时候，我们又听说与中国脱钩的话题在德国讨论得如火如荼。这无异于雪上加霜。因此，我们把朔尔茨总理2022年11月初为期一天的来华访问视为中德关系的一个转折点，视为一个积极的信号，特别是朔尔茨总理在行前公开发表了反对去全球化的讲话。

---

[1] 本文发表在2023年5月26日德国柏林的《每日镜报》。中文版由孙鹤临同学翻译，笔者校对。其德文题目为：*Der Adler und der Drache. Plädoyer für die deutsch-chinesische Freundschaft*。

2023年给我们带来了希望的曙光。一方面,"新冠"防疫措施被彻底取消。另一方面,事实证明,担心中国人大面积感染奥密克戎之后会有高危变异毒株产生的想法属于杞人忧天。

春暖花开

让我们看到希望的曙光的第三个因素,是在2023年的4月,中欧关系突然变得热闹非凡,以至于我们情不自禁地要把这些新动向解释为春暖花开。我们不单迎来三位远道而来的贵客:法国总统马克龙、欧盟委员会主席冯德莱恩、德国外长安娜莱娜·贝尔伯克(Annalena Baerbock)。更重要的是,这一系列国事访问还让欧洲的涉华讨论出现了众声喧哗。

马克龙总统不仅奉劝欧洲人在中国问题上别再做美国的"附庸",在台海问题上也不例外。结束对中国的访问后,他还用3种语言——法语、英语和汉语——发了一则推文:"法中友谊万岁!"就为这句话,我对我们法语系的同事充满了羡慕嫉妒恨。

4月18日,冯德莱恩主席在欧洲议会发表了一篇关于中国的演讲。这篇演讲值得高度关注。一方面,她对中国悠久而灿烂的文化、对当代中国在脱贫方面取得的非凡成就表示了由衷的敬意,同时还警告欧洲人不要以非黑即白的方式看待中国。另一方面,她主张欧洲人应该更多地考虑如何降低对华关系带来的风险,对华脱钩不是欧洲人的上策。

对于德国外长贝尔伯克的来访,我们同样有理由感到满意。一是百闻不如一见,她毕竟来我们的国家走了走、看了看;二是她虽然一如既往地对我们进行批评指责,但这一回她还是对我们说了两句好话。

《黄金诏书》

我还注意到,贝尔伯克外长在参观雍和宫的时候特意抬头仰望了门口的四字匾——这是中国作为多民族国家的象征。不知道她心里作何感想,反正每当我看到这块四字匾的时候,我就会想到《黄金诏书》,想到神圣罗马帝国颁发的这部基本大法[1]。《黄金诏书》明确规定神圣罗马帝国的选帝侯的儿子必须从7周岁开始学习四门语言:德语、意大利语、捷克语和拉丁语[2]。

英国方面也不甘寂寞。2023年4月25日,英国外长詹姆斯·克莱弗利(James Cleverly)在伦敦就英国政府的对华立场发表了一场演说。他的话同样值得我们竖起耳朵听。他主张对华合作,他还对中国表示了敬意,因为这是一个有着两千年历史的国家,近来又成

---

[1] 2006年,在纪念《黄金诏书》诞生650周年之际,有德国学者表示,这"不仅是相当于一部德国的《基本法》,更堪称一部欧洲的《基本法》"。

[2] 与后来的德意志帝国(1871—1918)不同,神圣罗马帝国是一个多民族国家。

功地让 8 亿人脱贫。他的讲话令人刮目相看，因为如此渊博的中国历史知识在西方的外交官中间实属罕见。

克莱弗利的演讲让我心生困惑，又让我心生赞叹。他一方面按捺不住自己，非就台湾问题向北京方面发出警告不可，另一方面，他又力图解释中国人为何有古已有之和挥之不去的统一渴望。为此，他不仅引用了《三国演义》，而且明确提到公元前 221 年。要知道，这是秦始皇统一中国的年份。德国历史上没有与秦始皇对应的历史人物。如果有，那就是日耳曼时期切鲁西部落首领赫尔曼——假如他当初成功统一了日耳曼部族[1]。

中国文学在德国知音难觅

有时候我们难免会产生这样一种印象：中国人和德国人的思想沟通似乎比与其他西方人的沟通来得更加困难。作为搞德国文学的，我不无惊讶地发现，中国文学在德国的影响力远不及包括美国

---

[1] 9 年，切鲁西部落首领赫尔曼率领的日耳曼部落武装在条顿堡森林一带大败罗马军团，阻止了罗马帝国继续向莱茵河东边的日耳曼地区扩张。随后，一面他继续进行抗罗斗争，一面试图统一日耳曼部落，但未能遂愿。21 年，赫尔曼被家族成员刺杀。近代德国民族主义兴起之后，赫尔曼被视为头号民族英雄，所以在瓦尔哈拉英灵殿享有 01 号纪念牌位。1875 年落成的赫尔曼纪念碑是当时世界上最高的人物雕像。这一世界纪录 10 年后被纽约的自由女神像打破。

在内的其他西方国家。当今中国的几位主流作家几乎都在其他西方国家获得过文学奖项或者得到过某种形式的表彰[1]，德国却不为所动，不给他们颁奖。

要知道，德国每年颁发的文学奖项之多，几乎没有第二个国家能与之比肩。在我看来，中德两国的文化差异，与其说是代际差异（780年，当世上第一本德文书出现的时候，中国已经有了唐诗，中国诗歌早在唐代就已达到德国魏玛古典文学的水准[2]），不如说源于民族气质。德国人的文化气质是基督教和德意志唯心主义或者说德意志理想主义共同打造的结果，所以德国人有一种传教的使命感，所以他们重精神，轻物质。"让世界随德国精神走向康复"：这是诗人艾曼努埃尔·盖贝尔（Emanuel Geibel）1861年写下的一句掷地有声的名言；第一次世界大战期间，托马斯·曼不仅声明自己"不觉得德国是否获得贸易霸权是一件生死攸关的大事"，他自豪地宣布，只有在诞生了康德美学的国度，人们才能做到"无关利害"地欣赏德国的胜利。中国人则不同。中国传统文化是以脚踏实地的思想和多神教实践为特征，因此，我们既无一神教的使命感，也没有翱翔精神天空的意愿。中国人恪守"己所不欲，勿施于人"的行为准则，德国人则是"己之所欲，必施于人"。二者相映成趣。

---

[1] 2009年成为巴伐利亚艺术科学院通信院士的莫言是一个小小的例外。
[2] 那是一本题为 Abrogans（"谦虚"）的拉丁语—古高地德语词语汇编，收录了3 670个词汇。书名来自词汇对照表中的头一个词语，意为"谦虚"。

消除偏见

"以贸易促转变"这一原则可谓集中体现了德国对华政策的唯心主义—理想主义特征。德国人渴望按照自己的精神模板改造自己最大的贸易伙伴,中国人却始终不为所动。需要指出的是,"以贸促变"的问题在德国讨论得轰轰烈烈,在中国却是闻所未闻。如果拿到中国讨论,人们要么觉得莫名其妙,要么大加赞同。不过,当中国人表示赞同的时候,其意思恰好相反。在中国,人们普遍认为互惠互利的贸易有助于培养感情、消除偏见。

本来,德国很想与法国步调一致,在 1964 年就和中国建交。德方代表也已前往瑞士与中方代表进行建交谈判。可是,谈判很快就中断了。原因之一,是美国没开绿灯。这个绿灯让德国等了八年,一直等到 1972 年 2 月尼克松访华。尼克松访华之后,联邦德国的外交使节借着东风飞赴北京。与此同时,英国、日本和澳大利亚的外交使节也闻风而动,纷纷前往北京[1]。

今天怎么办?又到需要集体行动的时候了?德国需要跟着美国与中国"脱钩"吗?在经济上和中国脱钩,这不符合德国的利益。可是,美国人在德国人面前不仅是战胜国、帮扶者和老大哥,美国还是北约的主宰者,而联邦德国自诞生之日起就是北约成员。更为

---

[1] 2022 年既是中德建交 50 周年,又是中英、中日、中澳建交 50 周年。

重要的是,德国人是一个迟到的民族[1],谁都知道他们走了一条长长的弯路才抵达西方[2],而美国恰好位于西方世界的最西端。

感谢法国

联邦德国从成立之初就把向西看齐奉为国策。如果允许一个非西方人对向西看齐的问题发表看法,我想说:在德国的西方,不仅有发表了《独立宣言》的美国,不仅有出台了《大宪章》的英国,还有值得大赞特赞的法国:这里是欧洲启蒙运动的中心;这里诞生了1789年的革命理念:1792年,法国国民议会将"法兰西荣誉公民"称号授予18位讴歌自由(如德国诗人弗里德里希·戈特利布·克洛卜施托克 [Friedrich Gottlieb Klopstock] 和席勒)或为自由而战(如美国人乔治·华盛顿和波兰名将塔德乌什·柯斯丘什科 [Tadeusz Kościuszko])的外国人士[3];1794年,法国实现"不

---

[1] 德国哲学家和社会学家赫尔穆特·普莱斯纳在1935年发表了题为《迟到的民族》的演讲集,集中分析德国人如何因为政治上迟到而误入歧途。

[2] 在德国历史学家海因里希·奥古斯特·温克勒2002年发表的两卷本力作《走向西方的漫长道路》中,过去200年的德国历史是一部不走西方正道、但最终迷途知返的历史。

[3] 1792年8月26日,法国国民议会授予18位外国人以"法兰西荣誉公民"称号,表彰他们追求自由的精神。

论肤色"的自由和平等理念,宣布在其殖民地废除黑奴制[1],而这在其他地方还将持续200年。同样值得一提的是,至今依然装点着纽约港的自由女神塑像是法国为独立100周年的美国送上的一份赠礼。

50年前,中国人几乎拒绝一切来自欧洲的思想和文化遗产,唯有马克思主义的经典著作和《国际歌》例外。贝多芬的音乐也不例外。随后就有了下面的事情:1972年10月11日,德国外长瓦尔特·谢尔(Walter Scheel)和中国外长姬鹏飞代表两国政府在北京人民大会堂共同签署了《中德建交联合公报》;在筹备建交庆典的时候,有人建议由著名的指挥家李德伦在人民大会堂指挥贝多芬《第九交响曲》的《欢乐颂》,李德伦却摆手谢绝,因为他指挥的中央乐团已有7年之久没有排练西方音乐!

如今,美国的对华政策发生了彻底的转变。无论是谁,只要听过或读过美国总统奥巴马2010年4月15日接受澳大利亚记者采访时的涉华言论,都很清楚,导致美国对华政策转变的原因绝非价值观的差异。奥巴马在采访中对记者说:"如果十多亿的中国人都像

---

[1] 1794年2月4日,来自圣多明各(1795年归属法国)的议员路易–皮埃尔·迪费·德·拉·图尔在国民议会发表了慷慨激昂的废奴演说,随后多位议员提议就是否出台有关即刻废除殖民地奴隶制的决议进行表决。另外,托马斯·杰弗逊曾因被法国大百科全书派的朋友问到美国的自由共和体制如何与奴隶制兼容而陷入尴尬。

澳大利亚人和美国人这样生活，那么我们的星球将不堪重负。"

也正是在奥巴马当政期间，美国将其战略重心转移到了印太地区。奥巴马之后的特朗普政府，在谈论中国的时候是一个腔调。特朗普时期的白宫安全顾问基伦·斯金纳在接受电视记者采访时把当今的中国描述为第一个"非高加索"[1]的超级大国，她还说，中国对美国构成的挑战比昔日的苏联更加棘手，因为俄罗斯人好歹也是西方大家庭的一员……啊，朋友们，我们不要这种声音！[2]

谢天谢地，从德国没有传出这种声音。我希望中德两国保持一种既有益于商业往来、又能促进思想交流的双边关系。2007—2010年间我们曾经有过"德中同行"，现在我真心希望再来一个。

---

[1] "高加索"是19世纪以来西方人类学中"白种人"的代名词。
[2] 这是贝多芬在创作《第九交响曲》的时候为席勒诗作《欢乐颂》添加的开场白。全文如下："啊，朋友们，不要这种声音，唱吧，让我们更欢快地歌唱、更愉快地歌唱吧！"

八　从文化崛起到文化诱惑
——对德国浪漫文化的再思考

从 1750 年到 1850 年的一百年,是决定现代人类历史进程的一百年。在此期间,欧洲发生了艾瑞克·霍布斯鲍姆(Eric Hobsbawm)所说的"双元革命",即英国的工业革命和法国的政治革命。英国的工业革命始于 18 世纪 60 年代,终于 19 世纪 40 年代。法国大革命始于 1789 年,终于 1794 年,但如果算上为法国大革命做思想铺垫的启蒙运动和法国大革命之后的拿破仑战争和七月革命,法国的政治革命可谓轰轰烈烈搞了一百年。这"双元革命"是一个无与伦比的历史事件,因为它决定了世界历史的方向和进程。对此,霍布斯鲍姆总结说:"它最引人注目的后果就是几个西方政权(特别是英国)建立了对全球的统治。这是史无前例的事件。在西方的商人、蒸汽机和坚船利炮面前,以及思想面前,世界上的古老文明和帝国投降了、崩溃了。印度沦为由英国殖民总督统治的一个省,伊斯兰国家危机重重、摇摇欲坠,非洲遭到赤裸裸的征服,甚至庞大的中华帝国也被迫于 1839—1842 年间向西方殖民者开放门户。"毫无疑问,"双元革命"也极大地影响了近代中国的

八 从文化崛起到文化诱惑

霍布斯鲍姆

历史进程。

"双元革命"发生在西欧，而西欧的主体民族至少有三个。自西向东，依次为英、法、德。就是说，德国缺席"双元革命"。其实，当英、法两国发生"双元革命"的时候，德国人也在搞革命。他们搞了一场文化革命，而且是一场影响深远、具有世界意义的文化革命。他们创造了一个文化崛起的奇迹，同时又极大地影响了世界。可以说，在1750—1850年间，在西欧发生的，不是一场"双元革命"，而是一场"三元革命"。这就是英国的工业革命、法国的政治革命和德国的文化革命。

德国的文化革命始于一个文化创造奇迹。这是一个奋起直追、一蹴而就的奇迹。德国是一个迟到的民族。在18世纪中叶即"双元革命"前夕，无论在经济、政治还是文化领域，德国都落后于英、法两国。当时的英国，不仅完成了光荣革命，为自身经济和科技的快速发展奠定了政治基础，而且实现了英格兰和苏格兰的合并，完成了国家的统一。与此同时，英国在哲学、文学和自然科学领域出现欣欣向荣的局面，涌现出从牛顿到托马斯·霍布斯（Thomas Hobbes）和约翰·洛克（John Locke），从莎士比亚、约翰·弥尔顿（John Milton）到亚当·斯密（Adam Smith）的各路大家。当时的法国，不仅早在路易十四统治时期实现了绝对王权，成为西欧的头号军事强国，而且不惜动用国家手段促进科技和文化事业的发展。从哲学家笛卡尔到阵容强大的古典主义诗人再到百科全书派，法国的文学和哲学在欧洲大陆独领风骚。因此，在"双元革命"前夕，英、法两国都已成为强大的民族国家，都迎来了文化的繁荣，都朝着现代化方向稳步迈进。而此时的德国，整体上几乎停留在中世纪状态。这个名为"德意志民族的神圣罗马帝国"的国家，人口有两千多万，其中近80%为农村人口，文盲率达70%。此外，它由300多个主权国家、帝国自由城市、帝国直辖的及教会统辖的领地组成，还有一个通过选举产生的、没有多少实权和权威的皇帝。这个皇帝常常腹背受敌，一面受到罗马教皇的制约和打压，一面疲于应对诸侯及各路地方势力的阴谋和不从。及至近代，尤其在经历三十年战争之后,尽管有普鲁士和奥地利这两个德意志邦国异军突起,跻身欧洲列强俱乐部,但德意志民族的神圣罗马帝国整体上却是一盘散沙,日渐衰落。难怪莱布尼茨要感叹"德国是列强彼此抛来抛去的皮球……是列强争夺欧洲霸权的战场",难怪伏尔泰要讥讽这神圣罗马帝国"既不神圣,也非罗马,更非帝国"。同样有目共睹的是,神圣罗马帝国在文化领域也乏善可陈。德意志各邦君主普遍效仿法国,宫廷建筑是法式,宫廷礼仪是法式,君主和贵族普遍讲法语、读法语,用法语命名的建筑也比比皆是;德意志地区的学术语言是法语和拉丁语。莱布尼茨是一枝独秀享誉欧洲的哲学家,但是他的书面和学术语言并非德语。在德国大学里,用德语教授哲学是他的学生克里斯蒂安·沃尔夫(Christian Wolff)1706年走上哈勒大学的讲坛之后才有的事情。德意志地区的文学状况更是惨不忍睹:作家虽说有一大把,拿得出手的却一个也没有。德国文学跟英、法没法比,跟意大利和西班牙同样没法比:前者有但丁、彼得拉克、薄伽丘、塔索,后者则有塞万提斯和卡尔德隆。难怪耻于说德语的普鲁士国王腓特烈二世要用法语撰文抨击德国文学,说德国文学还只相当于弗朗索瓦一世时代的法国文学的水平;也难怪法国史学家、语义学家兼德译法译者莫维庸要断言德国人"没有艺术和思想的天赋";更难怪一位当代德国文学史家要发出语惊四座的感叹:邻国有五百年的文学史,而我们的文学史只有二百五十年……

约翰·塞巴斯蒂安·巴赫
(Johann Sebastian Bach)

乔治·弗里德里希·亨德尔
(Georg Friedrich Händel)

八 从文化崛起到文化诱惑

直至 18 世纪上半叶，德国人只是在音乐领域初露峥嵘，因为他们有了巴赫和亨德尔。对于名字意为"小溪"的巴赫，音乐后生贝多芬不得不惊呼"他不应该叫巴赫，他应该叫大海"；至于亨德尔，贝多芬不仅将他誉为"古往今来最伟大的作曲家"，而且还曾表示，亨德尔如果不是安葬在异国他乡，他"真想摘下礼帽，跪在他的墓前"。按理说，凭借巴赫与亨德尔的音乐创造，昔日的德国足以在文化领域傲视欧洲。遗憾的是，这两位音乐奇才，一个虽然为上帝谱写了最美的颂歌，但他始终辗转于德意志小邦宫廷和教堂，所以他未能享誉欧洲，"不过是个只在专家中才被知晓的名字"；一个虽然享誉欧洲，但却加入了英国国籍，连姓名也改写成英文的书写形式，从 Georg Friedrich Händel 变成了 George Frideric Handel，有点误导人的意思。亨德尔的《救世主》(Der Messias，音译弥赛亚)首演过了半个世纪，争强好胜的弗里德里希·戈特利布·克洛卜施托克(Friedrich Gottlieb Klopstock)才面朝英伦三岛写下诗歌《我们和你们》(Wir und Sie, 1766)，他传递的基本信息就是：凭借一个亨德尔，我们就让你们望尘莫及！直至 18 世纪中叶，德意志地区数量最多、人气最旺的宫廷乐师是意大利人，歌剧脚本的撰写与歌剧的演唱全部使用意大利语。用德文撰写的歌剧脚本在 18 世纪后半叶才问世，如诗人维兰德(Christoph Martin Wieland)创作的歌唱剧《阿尔采斯特》(Alceste, 1773)，又如约翰·戈特利布·斯泰法尼为莫扎特歌剧《后宫诱逃》(Die

Entführung aus dem Serail，1782）撰写的脚本。

在文化领域如此乏善可陈的德国人，在18世纪中叶之后却显示出令人刮目的文化创造力。他们在文学、哲学、音乐3个领域同时发力，在五六十年的时间里便做出了令人叹为观止的文化成就。从克洛卜施托克和莱辛亮相文坛到歌德和席勒在魏玛携手合作、比肩而立，再到浪漫派作家群星闪烁，德国文学成功登顶文学珠峰；随着康德、费希特、谢林、黑格尔四大圣哲完成思想接力，德国哲学成功登顶哲学珠峰；与此同时，作曲家海顿、莫扎特、贝多芬在德意志第一帝国首都维也纳大放异彩，把维也纳变成了举世瞩目的音乐之都，为德意志民族赢得了音乐民族的桂冠。最后，在1830年左右，三座文化高峰在德意志大地拔地而起。在中文里面我们有3个整齐而响亮的名字与之对应：一个是德国古典文学，其始于维兰德抵达魏玛的1772年，终于歌德逝世的1832年；一个是德国古典哲学，其始于康德发表《纯粹理性批判》的1781年，终于黑格尔逝世的1831年；一个是德国古典音乐，其始于海顿走向自由创作的1779年，终于贝多芬在完成《第九交响曲》和《庄严弥撒曲》之后走向晚期创作的1825年。而随着这三座文化高峰的出现，德国实现了文化崛起和文化超越。其从文化进口国变成了文化出口国，也自然而然地赢得了邻国的尊重和景仰，尽管此时的德国尚未实现政治统一，尽管德国的经济远远落后于法国尤其是英国。法国女作家斯达尔夫人（Madame de Staël）于1810年出版的《论德国》就具有里程碑意义。她不仅用这本脍炙人口的德国印象记为德国人勾勒出一幅"诗哲民族"的肖像,这几乎让德国人永世受益,而且她还"将浪漫主义的概念引进了法国",其本人也由此成为法国的"浪漫主义先驱"。英国历史小说之父沃尔特·司各特(Walter Scott)在1830年撰写的一段总结同样具有里程碑意义,司各特写道:"新文学在1788年就开始引入我国。那时人们头一回听说德国是一种新的文学风格的摇篮。这种风格远比法国、西班牙或者意大利的文学流派更适合我们英国的文风。"司各特说的新文学,就是德国的浪漫文学。可以说,德国是浪漫文学的发源地,浪漫文学在英、法两国的兴起是德国文学引领或者输入的结果。

这三座"文化喜马拉雅"虽然分属三个不同的文化领域,但它们却构成一个相辅相成、相映成趣的三位一体,体现了德意志文化的统一性和特殊性。但这种统一性和特殊性不应局限于中文的古典二字让我们所产生的联想。德国古典文学、德国古典哲学、德国古典音乐无疑是三个整齐而响亮的名称,但它们多少有以偏概全乃至扰乱视听之嫌。具体讲,就是"古典"遮蔽了"浪漫"。个中原因在于,这里所说的"古典",更多地是指"经典"。在德文中,"古典"和"经典"是同一个词。二者的名词形态都是Klassik,形容词形态都是klassisch。"德国古典文学"所对应的德文是Weimarer Klassik,直译是"魏玛古典文学";"德国古典哲学"所对应的德文是 Klassische Deutsche Philosophie；"德国古典音乐"所对应的德文是 Wiener Klassik，直译是"维也纳古典乐派"。就是说，三者都兼有"古典"和"经典"的涵义，它们既是历史分期概念，又具有典范意义。由此，问题来了：在中文语境里，古典与浪漫标志着两个截然不同乃至彼此对立的历史时期。我们一般都把浪漫视为对古典的反动。当我们说到古典文学、古典哲学、古典音乐的时候，我们的心灵之眼通常会望见它们与浪漫文学、浪漫音乐、浪漫哲学隔河相望。然而，德国不是法国。德国不仅不存在泾渭分明、不共戴天的古典—浪漫对立阵营，不仅没有出现"文攻武卫"的"《欧那尼》大战"——众所周知，1830 年 2 月 25 日法国的古典派在巴黎的法兰西剧场用大白菜砸向了法国的浪漫派。而且，就德国而言，"浪漫"和"古典"是两个有些漂浮不定的、可以说不太靠谱的标签，因为二者之间存在千丝万缕的关系。

德国古典哲学的另一个德文名称是 Deutscher Idealismus，传统译法是"德国唯心论"或者"德国唯心主义"，业内近来有人将其译为"德意志观念论"。如果不在哲学语境，Idealismus 又可译为"理想主义"——词干 Ideal 的基本意思就是"理想"。理想主义也罢，唯心主义也罢，二者指涉的是同样一个事实，它们的区别仅在于感情色彩或者说价值判断。说理想主义，是夸它超凡脱俗、不食烟火；说唯心主义，是说它漠视现实、不接地气。这种理想主义和唯心主义不仅仅是这一时期的德国哲学的特质，从歌德、席勒到

八 从文化崛起到文化诱惑

浪漫派的德国文学全都以超越现实、脱离现实、漠视现实为特征，甚至由他们主编的杂志都带着一些不食人间烟火的特质。歌德主编的杂志叫《神殿前门》（*Propyläen*，也音译为《普罗庇累恩》），席勒主编的杂志叫《季节女神》（*Die Horen*），在希腊神话中，季节女神是奥林匹斯天庭的门神，她们在魏玛的使命是守护高高在上的精神王国。弗·施勒格尔（Friedrich von Schlegel）主编的杂志叫《雅典娜神殿》，翱翔天空、俯瞰人间，这是德国文化的基本特质。正因如此，海涅不仅把从法国大革命到歌德逝世（1789—1832）的德国称为"歌德艺术时期"，而且还以俏皮的方式为德国人勾勒了一幅非常传神的民族肖像："大陆属于法国人和俄国人，海洋属于不列颠，但是在梦幻的空中王国，我们有统治权不容争辩。"德国人的空中优势和霸权意识在弗·施勒格尔这里表现得无以复加。他在《雅典娜神殿断片集》（*Athenäums-Fragmente*，1798）中写道："法国大革命、约翰·戈特利布·费希特（Johann Gottlieb Fichte）的《全部知识学的原理》（*Grundlage der gesamten Wissenschaftslehre*）、歌德的《威廉·迈斯特的学习年代》（*Wilhelm Meisters Lehrjahre*）是这个时代的三大趋势。谁对我们将三者相提并论持有异议，谁对悄无声息的和非物质的革命不屑一顾，谁就尚未把自己提升到人类历史所达到的新高度新广度。"按照弗·施勒格尔的逻辑，德国的一部小说或者一本哲学著作就足以和法国大革命媲美，虽然法国大革命的爆发在第一时间对众多的德国知识分子产生了巨大的震动。据说,就连远在东普鲁士的康德也因巴黎的革命者攻占巴士底狱的消息而延后了自己雷打不动的午后散步时间。与弗·施勒格尔的话相映成趣的是,32年后,当巴黎刚刚爆发震惊世人的七月革命,歌德对来访的客人说起火山爆发,客人以为他要大谈七月革命,然而,歌德所说的火山爆发是指发生在科学界的一场争论。对于歌德,这场学术争论远比巴黎的街头革命重要。艺术时代的德国人如此心高气傲,是因为他们形成了一种理想化的艺术观。对于他们,艺术是独立的、神圣的,所以艺术不是工具,而是目的。艺术不再承担任何俗务,它不再讴歌什么或者宣传什么,它变成了纯粹的审美游戏或者敬拜对象。就是说,浪漫时代的艺术同时经历了自主化、宗教化、游戏化。对于如此浪漫的思想和实践,德国的"古典"哲学家们恰恰功不可没或者说难辞其咎。艺术自治和艺术神圣的思想可以追根溯源到"美是无利害的愉悦"这一路人皆知的康德论断。而陶醉自我、漠视现实的浪漫反讽,其思想源头与其说是弗·施勒格尔,不如说是费希特,连黑格尔都曾调侃说:"浪漫反讽的爸爸是弗·施勒格尔,它的爷爷是费希特。"

艺术时代"古典"与"浪漫"、哲学与文学之间这种你中有我、我中有你的关系还因为"古典派"与"浪漫派"、文学家和哲学家在魏玛和耶拿两地之间的密切联系和频繁互动而锦上添花。魏玛是萨克森—魏玛公国的首府,与之相距约20千米的耶拿设有萨克森—

八　从文化崛起到文化诱惑

歌德和席勒的双子雕像

魏玛公国的"国立大学",即耶拿大学。魏玛是代表"魏玛古典文学"的魏玛,在市中心的剧院广场中央矗立着歌德和席勒的双子雕像,他们手拉手、肩并肩站在那里,歌德的一只手还亲切地搭在与他一般高的席勒的肩上(实际上歌德身高1.69米、席勒身高1.80米)。不过,在二人开始携手打造"魏玛古典文学"的辉煌的时候,席勒人在耶拿,不在魏玛。他是耶拿大学教授(如今的耶拿大学就叫"耶拿弗里德里希·席勒大学")。耶拿是代表"耶拿浪漫派"的耶拿。但是耶拿又有许多的"古典"。这里有席勒和他主编的《季节女神》，而《季节女神》的撰稿人既有歌德、席勒、赫尔德，也有奥·施勒格尔（August Schlegell）、费希特、威廉·冯·洪堡（Wilhelm von Humboldt）等；这里是德国古典哲学的重镇，古典哲学的三巨头——费希特、谢林、黑格尔——先后在此执教（其任职时间依次为1794—1799年、1798—1803年、1801—1807年）。费希特和谢林与施勒格尔兄弟、蒂克（Ludwig Tieck）、诺瓦利斯（Novalis）、克莱门斯·布伦塔诺（Clemens Brentano）等作家可谓志同道合，被视为耶拿浪漫派的思想核心。魏玛和耶拿之间还有频繁的人员互动，不仅歌德和席勒频繁见面，耶拿的浪漫青年也时不时地去魏玛拜访文学君主歌德，歌德更是经常走访耶拿（有好事者推算出歌德在耶拿一共待了5年时间）。他的频繁走访，一半出于兴趣，因为他喜欢来这里与文人学者聊天；一半是义务，因为他是魏玛公国的大臣乃至首相，高等教育属于他的管辖范围，他是耶拿大学的监事。非同小可的费希特被解职事件就是他亲手办理的。费希特事件出来之后，魏玛公爵奥古斯特还有点怪歌德与耶拿方面交往过密，甚至怪罪歌德当初极力把费希特聘请到耶拿大学来。费希特被迫离开耶拿之后，歌德又说了一句聊以自慰的话："一颗星星落下去，一颗星星升起来。"升起来的星星指的是谢林。

如同德国古典哲学和魏玛古典文学，维也纳古典乐派也与"浪漫"有着千丝万缕的关系。堪称浪漫通才和浪漫鬼才的霍夫曼说过，"三位大师的器乐作品全都洋溢着同样的浪漫精神"；浪漫作曲家舒伯特在古典音乐和浪漫音乐之间所起的承前启后的作用也是人所共知的事实。更为重要的是，维也纳古典乐派是德国作为音乐大国崛起的象征，同时让器乐获得了崇高地位。这是一项伟大的浪漫成就，也体现了真正的浪漫精神。因为，德国人的音乐崇拜是从浪漫派开始的，是德国浪漫派前所未有地把音乐推举为艺术之王，让音乐享有高于文学和造型艺术的地位。早期浪漫派的旗帜性人物瓦肯罗德（Wilhelm Heinrich Wackenroder）认为，"让木材和金属发出声响"是人类最伟大的发明，他由此把音乐称为"天使的语言"；霍夫曼认为，音乐可以为我们打开一个"与人周围的外部感官世界毫无共同之处的世界"；浪漫哲学家叔本华则因为"其他艺术所说的只是阴影，而音乐所说的是本质"而赋予音乐艺术之王的地位。同样重要的是，浪漫派不仅把音乐视为艺术之王，而且把器乐看作音乐之王。瓦肯罗德把声乐叫作"有限的艺术"，他赞赏器乐的"独立和自由"；诺瓦利斯说："舞蹈音乐和歌曲其实都不是真正的音乐，只是音乐的变种。奏鸣曲、交响曲、赋格曲、变奏曲，这是本真的音乐"；霍夫曼推崇器乐，因为器乐"蔑视另一门艺术（诗）的任何帮助，任何介入，它所表达的纯粹是音乐那种独特的、只有在器乐当中才能认识到的本质"。换言之，器乐最独立、最空灵、最神秘，所以最具浪漫精神。

在19世纪的后艺术时期，德国文学走向低谷，德国作家没有一个可以跟同时期的法国、英国或俄罗斯的文学大师相提并论。但是德国音乐续写了维也纳古典乐派所铸造的辉煌。瓦格纳、勃拉姆斯、布鲁克纳、马勒等德、奥音乐家大放异彩，德国的音乐大国地位得以巩固和彰显。1876年，当巴伐利亚国王路德维希二世专门为上演瓦格纳歌剧而兴建的拜罗伊特节日剧院落成之后，拜罗伊特就变成了一座不折不扣的"文化麦加"，欧洲各国的文化信徒纷纷前来朝拜。此外，庄严肃穆、令人大气不敢出的现场氛围让节日剧院变成了一座不折不扣的艺术圣殿。艺术神圣的理念在拜罗伊特变成了现实。

渐渐地，音乐和浪漫具有了文化乃至政治建构意义，音乐和浪漫与德意志性悄然构成了一个三位一体。这时，敏锐的尼采发现"德国人对启蒙运动的敌视"，发现他们"用情感崇拜取代理性崇拜"，认为他们"在建造新的庙宇（即情感崇拜庙宇——笔者注）方面比所有的词语和思想艺术家都成功"。把叔本华、尼采、瓦格纳奉为精神先师的托马斯·曼心中交织着对音乐的景仰、热爱和怀疑。凭借这种复杂的情感和深刻的认识，他最终成为德意志音乐形而上学的集大成者。"一战"爆发的时候，他用"音乐"和"文学"来概括德、法两国的民族性；"一战"结束后，他对音乐进行了政治定位，所以《魔山》里面出现了代表启蒙精神的文学和代表浪漫精神的音乐的对垒，音乐变得"政治上可疑"；"二战"结束时，他认定音乐与德意志民族性和德意志历史悲剧之间存在某种联系，所以他抱怨歌德的《浮士德》的主人公不是音乐家，所以他创作了长篇小说《浮士德博士》(*Doktor Faustus*),小说的主人公就是一个作曲家。与此同时,他在美国国会图书馆发表题为《德国和德国人》(Deutschland und die Deutschen)的演说,向世人阐述德国历史悲剧的来龙去脉。他说,德国人是"一个进行反抗的民族,他们以浪漫主义的逆向革命反抗启蒙运动的哲学理性主义和唯理性主义,用音乐反抗文学,用神秘反抗清晰"。他还说:"倘若听起来不像是令人厌恶的美化,我就想说,德国人出于不通世故的理想主义(唯心主义?)而犯下罪过。"对于第三帝国的由来,恐怕没有比这更为惊世骇俗的解释。

浪漫主义是一笔丰富、独特而又庞杂的德意志文化遗产。一方面,它有许多伟大而美好的思想和艺术创造,譬如对乡村、土地和大自然的迷恋,以反功利为本质特质的现代艺术观和现代爱情观,对下意识的挖掘和表现,以自反性为特质的浪漫反讽,等等。从浪漫精神之中,不仅诞生了各种纯洁而高尚的现代人类理想以及反资本主义的"红色"文化基因和保护环境的"绿色"文化基因,而且,受到浪漫精神启迪的艺术也变得更加复杂、更加深刻、更加有趣。另一方面,浪漫精神中又带有诸多"问题元素"。譬如,它反现代、反进步,它几乎排斥双元革命带来的诸多变革;它有强烈的怀旧和复古情绪,有的渴望回归基督教一统天下的中世纪,有的则美化奉行异教的日耳曼时代,等等。它与纳粹意识形态的关系错综复杂——德裔美籍宗教哲学家保罗·蒂利希(Paul Tillich)把民族

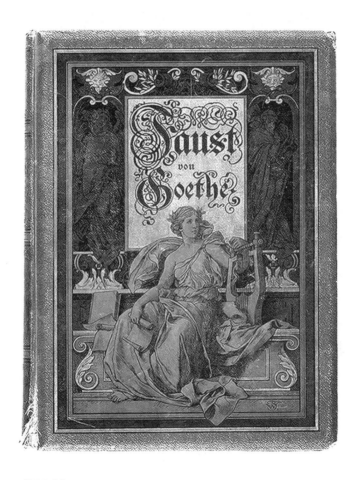

《浮士德》

社会主义直接称为"政治浪漫派",它与启蒙理想严重对立,而当今西方的主流政治话语恰恰来自启蒙运动。所以,有知识又有觉悟的德国人对浪漫派的态度必然是矛盾而复杂的。这种心境在一部人气甚旺的浪漫派研究专著的标题上面得到充分的体现。这就是当代著名学术传记作家吕迪格尔·萨弗兰斯基(Rudiger Safranski)撰写的 Die Romantik, eine deutsche Affäre,中文不妨译为《浪漫派,德国的一段绯闻》。这是一个不无挑衅意味同时又留下很大阐释空间的书名。萨弗兰斯基强调了浪漫的民族属性,强调浪漫属于德国——浪漫运动属于欧洲之类论调谁爱说谁说。更有趣的是,他把浪漫定义为"绯闻"。这个天才的"绯闻"说,不仅让读者联想到德国人的浪漫情缘之美好、隐秘、短暂,而且迫使人们思考这中间是否有"启蒙为正、浪漫为偏"的意思。果真如此,这绯闻说就有忽悠人的嫌疑。众所周知,德国哲学家和社会学家赫尔穆特·普莱斯纳早就指出,德国是一个"迟到的民族"。他说德国人"迟到",不仅指他们在近代早期错过了西欧邻国所经历的政治启蒙,而且给德国人自诩的启蒙时代打上了引号,因为"德国精神即便在'最有启蒙立场'的时候也与新教虔诚思想紧密相连。直到19世纪,都是新教牧师家庭主宰方向"。就是说,德国人在18世纪与启蒙仅有过短暂而肤浅的拥抱,但很快又选择了浪漫,随后就与浪漫手拉手地走上了德意志特殊道路,与"西方"渐行渐远。而矗立在德意志特殊道路上的一个醒目的路标,就是"文化高于政治"(有时也叫

"文化远离政治")。不认同乃至反对走这条道路的德国人,如马克思和恩格斯,如伯尔讷(Ludwig Börne)和海涅,如青年德意志成员,在1830年的七月革命或者1848年革命之后都纷纷远走他乡。巴黎和伦敦成为德国流亡者的大本营。后艺术时期才华最出众、生命最短暂、最不认可浪漫主义的德国作家格奥尔格·毕希纳(Georg Büchner)逃向了瑞士——当今德国的文学最高奖却耐人寻味地以他冠名。尽管时不时地有来自西边的批判、警告、咒骂,东边的德国人还是牵着浪漫的手步入德意志第二帝国,步入魏玛共和国和德意志第三帝国。德国人也牵着浪漫的手步入了第一次世界大战和第二次世界大战。德国回归西方的启蒙正道、融入西方阵营是在第二次世界大战之后才发生的事情。根据一位敏锐的批评家的观察,西德日耳曼学界在20世纪60年代之后就有了修正历史的倾向,具体表现为"将18世纪冠以'启蒙'之名"。因此,这个绯闻说是不是萨弗兰斯基对德国历史进行的一种诗意的但有些似是而非的概括?萨弗兰斯基是否有向主流意识形态致敬和靠拢的意思?需要指出的是,发明绯闻说的萨弗兰斯基在当代德国学界并不孤单。著名的政治学家和社会学家莱佩尼斯的文化诱惑说就与之遥相呼应。莱佩尼斯认为,德国历史出问题,在于德国人受到了文化的诱惑。德国人对美的崇拜到了令常人无法企及的地步。据说,伟大艺术品的损毁比大型的住宅区遭受空袭更令希特勒心痛,据说,纳粹特地给魏玛的歌德席勒双子座雕像修了一圈坚固的围墙,以防盟军空袭造成损害……但无论萨弗兰斯基的绯闻说还是莱佩尼斯的诱惑说，都使人联想到托马斯·曼在第二次世界大战之后开启的民族元叙事：德国是受到魔鬼诱惑的浮士德。

一部近代德国历史，就是成也浪漫、败也浪漫？今天的德国还浪漫吗？这类问题值得我们思考。

九　纪念马丁·瓦尔泽：德语世界的桂冠作家

2023年7月28日，德国作家马丁·瓦尔泽在家中溘然长逝，享年96岁。7月28日，瓦尔泽离世的消息作为突发新闻出现在德国的各大媒体，引起广泛的震动和关注。德国官方在第一时间就做出反应。总统施泰因迈尔给瓦尔泽夫人发送了一封长长的唁电。他不仅盛赞瓦尔泽是"一个杰出的人物、一个世界级的作家"，对瓦尔泽的文学成就也做了极高的评价："如果要我们列举一个充满历史意识和社会关怀的德国战后文学的代表，除了瓦尔泽，我们还会首先想起谁？"总理奥拉夫·朔尔茨则在网络平台上表达对瓦尔泽的敬意："我们好几代人都读过他的书；他争辩是非的乐趣给我们带来许多激烈的讨论。"总理府负责文化事务的国务秘书克劳迪娅·罗特则对瓦尔泽的文学批评精神表示赞赏，说他的作品证明"战后德国中产阶级的体面外观徒有其表"。

九 纪念马丁·瓦尔泽：德语世界的桂冠作家

瓦尔泽"很德国"

瓦尔泽是联邦德国的文学元勋。

首先，他是一个作品等身、功勋卓著的文学家。在长达70年的创作生涯中，他先后出版了50多部书籍，横跨小说、戏剧、广播剧、诗歌、文论、政论等诸多领域。他的小说创作更是佳作频出，如《菲城婚事》《惊马奔逃》《迸涌的流泉》《批评家之死》《恋爱中的男人》《第十三章》等。他的文学创作给他带来了高昂的人气和巨大的荣誉。他是读者最多的德国作家之一，获得了30多种文学、文化大奖，其中包括德国文学最高奖毕希纳奖、德国最有分量的文化政治奖项德国书业和平奖（时任德国总统罗曼·赫尔佐克[Roman Herzog]与一千多位各界人士在德国的法兰克福保罗教堂参加了颁奖仪式），以及旨在奖励哲学随笔的弗里德里希·尼采国际奖。此外，他还是多料院士和多料荣誉博士。

瓦尔泽是"很德国"的作家。一方面，他是首屈一指的当代德语语言大师。他的德语表达别具一格，字里行间充满了德国文化内涵，还有诸多令人叫绝的文字游戏，所以对读者的语言素养、知识储备都有一定的要求，所以常常显得很"转"、很"烧脑"。他的作品充分证明了文学语言就是思想者的语言，是剑走偏锋的语言。另一方面，他的作品讲述的是德国的人和德国的事，从社会到人性，从现实到历史。他的成名作《菲城婚事》（*Ehen in Philippsburg*,

1957）揭示了战后德国"经济奇迹"背后的问题社会和尴尬人生，他的自传体小说《迸涌的流泉》(*Ein springender Brunnen*, 1998）则通过一个未成年人的视角，对博登湖畔的瓦塞堡的日常生活和人生百态进行观察，为思考纳粹德国的来龙去脉提供了一个新的维度，是一部与格拉斯的《铁皮鼓》和伦茨（Siegfried Lenz）的《德语课》(*Die Deutschstunde*）交相辉映的历史小说。他还写了以马塞尔·赖希-拉尼茨基（Marcel Reich-Ranicki）为原型的长篇小说《批评家之死》(*Tod eines Kritikers*, 2002）和以歌德为原型的小说《恋爱中的男人》(*Ein liebender Mann*, 2008）。

歌德是德国的文化符号，是家喻户晓的文化伟人，人称"文学教皇"的马塞尔·赖希-拉尼茨基则是一位几乎家喻户晓的文学批评家。这两本小说都引起了轰动。《批评家之死》引发了一场远远超出文学范围的全国大辩论（这场辩论被称为"联邦德国文学史上的头号丑闻"），同时连续五周高居《明镜》周刊热销书榜首。《恋爱中的男人》则享受了最高规格的"满月庆典"：2008年2月，瓦尔泽在魏玛王宫朗诵新鲜出炉的《恋爱中的男人》。时任德国总统霍斯特·克勒（Horst Koehler）不仅高调出席朗诵会——总统车队从魏玛大象宾馆缓缓驶向400米开外的魏玛王宫，而且在会后设宴款待瓦尔泽的"朋友圈"。这部小说也不负众望。首版初次印刷的15万册上市之后很快售罄，然后是不断地重印、再版。时至今日，它依然是瓦尔泽小说中的销量冠军。

九 纪念马丁·瓦尔泽：德语世界的桂冠作家

《恋爱中的男人》

其次，瓦尔泽是一个忧国忧民、敢于直抒胸臆的知识分子，他频频站到或者被推至社会舆论的风口浪尖，甚至落下"精神纵火犯"的恶名。瓦尔泽有着绵延不断的"德意志忧思"（这是他的一本文集的标题），而他的一大忧思，就是如何应对战后的德国所背负的沉重而特殊的历史遗产。对于这个问题，他的感受十分深刻，他的思路则常常异于常人，所以显得很先锋、很异类。譬如，在德国社会对屠犹历史佯装不知或者避而不谈的时候，他率先喊出了"我们的奥斯维辛"这一响亮的口号；30年后，他又公开反对将奥斯维辛"大棒化""工具化",呼吁纪念文化要在"良心的私有化"和"良心的公有化"之间保持平衡。还有,当德国知识界普遍认为统一无望甚至不值得期许的时候,他不仅明确表达自己对两德统一的渴望,还强力反驳了德国因屠犹历史而无法统一这一论点。这类大是大非问题牵动着几千万德国人的思想、情感乃至神经。

瓦尔泽的逝世,意味着德语文学一个时代的结束。这个时代,是在新兴的德意志联邦共和国成长起来的一代文学新人合力打造的文学时代。这一代人年龄相仿、经历相仿。他们多数人生长在纳粹德国,多数人在第二次世界大战后期当过兵、做过俘虏,并且体会过失去亲人的痛苦,有的还失去了故土和家园。因此,他们普遍有革新意识和社会参与意识,渴望建设新德国新文化,因此,他们有彼此相近的社会和政治理念。更为重要的是,他们有一个共同的文学摇篮和文学阵地——四七社。活跃了20年的四七社(1947—1967),是一个别具一格的文学论坛或者说文学批评论坛。文学新人在这里登台亮相,朗诵自己的作品。朗诵之后则必须切换到"骂不还口"的模式,无论在场人士如何对自己的作品指指点点,都只能洗耳恭听。毫无疑问,四七社多少带有专业"批斗会"的性质。这个热热闹闹的四七社最终决定了联邦德国乃至整个德语世界(德国、奥地利、瑞士)的文学版图。从四七社走出来的,是一个个才华横溢的作家,如伯尔和伦茨、

九 纪念马丁·瓦尔泽：德语世界的桂冠作家

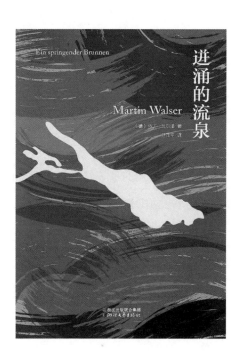

《迸涌的流泉》

格拉斯和瓦尔泽、汉斯·马格努斯·恩岑斯伯格（Hans Magnus Enzensberger）和希尔德斯海姆（Wolfgang Hildesheimer），同时还有几位在德国文坛指点江山的批评家，如汉斯·迈耶（Hans Mayer）和瓦尔特·延斯（Walter Jens），如约阿希姆·凯泽（Joachim Kaiser）和马塞尔·赖希－拉尼茨基，还有联邦德国首屈一指的出版人西格弗里德·翁泽尔德（Siegfried Unseld）。

瓦尔泽是四七社的核心成员，他与四七社之间不乏故事与美谈。譬如，他受邀参加四七社的活动，是因为他的"大言不惭"。

原本只是负责转播四七社朗诵会的他，竟对四七社的领袖人物里希特（Hans Werner Richter）声称"我写得比他们好"。譬如，他的四七社的首秀作品是一篇带有卡夫卡风格的小说，众人听出来了（对四七社朗诵会进行报道的《法兰克福汇报》把他称为"施瓦本的卡夫卡"），他却不买账，因为彼时的德国人似乎还欣赏不了卡夫卡。因此，当时他无缘自己所瞄准的年度四七社文学奖，在两年之后的1955年才如愿以偿。1962年，他撰写了一篇题为《一封写给初出茅庐的青年作家的信》（Briefe an einen jungen Dichter）的讽刺文章，对四七社的几位好为人师的评论家进行了入木三分的描写，也算给四七社树立了一块小小的文学丰碑。这是一篇堪称经典的对批评的批评。可以说，《批评家之死》的作者已经在此小试牛刀。

文本内外的博登湖区

瓦尔泽的生活和创作都带有浓郁的乡土特色。瓦尔泽的乡土，就是博登湖地区。面积为536平方千米的博登湖，是一片国际水域。南岸大部属于瑞士，东岸有一小段属于奥地利，其余属于德国。德国的博登湖，除了东北岸的林道县属于巴伐利亚州，其余都属于以斯图加特为首府的巴登－符腾堡州（简称"巴符州"）。今天的巴符州，大致等同于历史上的施瓦本公国。这是一块美丽富

九 纪念马丁·瓦尔泽：德语世界的桂冠作家

饶、人杰地灵的福地。这里有绝美的风景，如黑森林、蒂蒂湖、博登湖，有以奔驰、博世、保时捷为代表的德国支柱企业和诸多的隐形冠军，这里更有我们耳熟能详的德国诗人和哲人，如席勒与荷尔德林，如黑格尔、谢林、海德格尔。需要强调的是，巴符州三分之二的地区都说阿勒曼方言。阿勒曼语由大同小异的方言组成，分布在巴符州南部和巴伐利亚南部山区，同时蔓延到列支敦士登以及瑞士和奥地利的部分地区。阿勒曼语是昔日的阿勒曼人的语言，阿勒曼人是古代西日耳曼人的一支。他们在法兰克王国后期与巴伐利亚人、法兰克人、图林根人、萨克森人、弗里斯兰人逐渐一体化，形成了日后的德意志民族（法语、西班牙语、葡萄牙语都用阿勒曼指代德国人和德语）。因此，如果从历史和文化渊源看，瓦尔泽是阿勒曼人，他说高地德语（德国普通话）的时候也带着浓厚的阿勒曼语口音。如果从现代行政区划的角度看，瓦尔泽是巴符州人，因为他一生绝大部分时间居住在隶属巴符州的于伯林根和腓特烈港。正因如此，瓦尔泽逝世后，巴符州政府跟联邦政府一样密集发声。州长温弗德·克莱驰曼（Winfried Kretzschmann）盛赞瓦尔泽"创造了不朽的文学"，同时称赞他始终不渝地保持着对家乡的深厚情感；巴符州副州长兼内政部部长托马斯·斯特罗布尔（Thomas Stroble）称瓦尔泽是"一个伟大的巴登 - 符腾堡人、一位世界级的作家"；西南广播电台台长凯·格尼夫克（Kai Gniffke）则强调："我们失去了德国战后文学最重要的一位作家，一个具有战斗精神

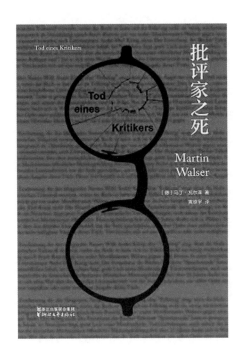

《批评家之死》

的知识分子。"

瓦尔泽也是一个不离故土的作家。1927年3月24日,他出生在博登湖畔的小镇瓦塞堡。父母是小业主,经营一家兼作旅馆的餐厅,并辅以煤炭零售生意。瓦尔泽11岁时父亲病逝,家业一直由母亲支撑。他有一个大他两岁的哥哥和一个小他八岁的弟弟。哥哥约瑟夫战死在匈牙利,弟弟卡尔则留在瓦塞堡继承祖业。1944年,他中断高中学业,加入德国国防军,然后随军驻扎在莱茵河河谷。战争结束时他逃往家乡,路上被美军巡逻队俘虏,但很快获释。返

九 纪念马丁·瓦尔泽：德语世界的桂冠作家

乡之后，瓦尔泽在林道补读了文科中学毕业文凭。1946年冬，他前往位于巴伐利亚州东北部的雷根斯堡大学学习，一年半后转到位于巴符州中部的图宾根大学，主攻文学、哲学、历史，1951年获文学博士学位。他的导师是大名鼎鼎的荷尔德林研究专家、战后德国卡夫卡研究的开拓者弗里德里希·拜斯纳（Friedrich Beißner），他本人则成为德国撰写关于卡夫卡的博士论文的第一人。他在读书期间为南德意志广播电台做记者和编导，并与新婚妻子在斯图加特安了家。1957年，在凭借长篇小说《菲城婚事》获得首届赫尔曼·黑塞奖之后，他决定做职业作家。随后，他携妻女从斯图加特搬到博登湖畔的腓特烈港，在齐柏林大街（腓特烈港是齐柏林飞艇的诞生地和大本营）安家落户。1968年，瓦尔泽再次搬家。他带着妻子和四个女儿一路西行，来到博登湖畔的于伯林根，在其东郊小镇努斯多夫（意译：核桃村）的一栋临水别墅安顿下来。自此，瓦尔泽一直仙居在这湖光山色之中，直到生命的最后一刻。仙逝之后的瓦尔泽叶落归根，回到出生地瓦塞堡，安息在有"湖畔教堂"之称的圣格奥尔格教区教堂的墓地。

纵观瓦尔泽的求学、求业以及安家落户的人生轨迹，我们发现，如果撇开在雷根斯堡的短暂求学，瓦尔泽几乎没有走出半径200多千米的故土圈：如果从瓦塞堡驾车出发，到腓特烈港是18千米，到于伯林根是50千米，到图宾根是148千米，到最远的斯图加特也就221千米……瓦尔泽离不开他生于斯长于斯的博登湖畔。

他年轻时如此，上了年纪更是如此。上世纪60年代，著名作家乌韦·约翰逊（Uwe Johnson）曾力劝他迁居柏林（房地产广告都寄来了），他却不为所动；20年前，在《批评家之死》引起的舆论风波中，他动过移民奥地利的念头。即便如此，他想移居的地方，也是位于奥地利最西端、濒临博登湖的福拉尔贝格州。

1978年，他与同样居住在博登湖畔的水彩画画家安德烈·费库斯（André Ficus）携手合作，做了一本图文并茂、描述博登湖风土人情的小册子。有意思的是，当出版商问如何取书名、瓦尔泽随即写下"故乡礼赞"的时候，出版商几乎有些目瞪口呆。"您在开玩笑？"出版商问。"绝对不是。"瓦尔泽回答。这个让我们一头雾水的对话，只能结合特殊的德国历史来理解。纳粹德国大肆宣扬以血与土为特征的民族主义，所以战后德国就走向另外一个极端。人们不说也不好意思说自己爱家乡、爱祖国。瓦尔泽想到的书名有些出人意料，但事实证明这一书名再合适不过：当出版社在林道的一家湖畔酒店举行《故乡礼赞》（*Heimatlob*）首发式的时候，活动现场座无虚席，恭请瓦尔泽签名的读者更是络绎不绝。当然，瓦尔泽也利用自身的社会影响力为博登湖区的各项建设作出贡献。他的付出得到热情的回应。譬如，他获得了瓦塞堡荣誉市民的称号，他也是腓特烈港和于伯林根的荣誉市民，博登湖南岸的康斯坦茨大学还授予他荣誉博士学位。

博登湖区同样进入了瓦尔泽的叙事空间。熟悉瓦尔泽小说的

九　纪念马丁·瓦尔泽：德语世界的桂冠作家

《逃之夭夭》

读者,如果开车行驶在博登湖和上施瓦本地区,都会感到重逢的喜悦,因为一个个熟悉的地名、一片片熟悉的风景扑面而来。瓦尔泽最有名的中篇小说《惊马奔逃》(*Ein fliehendes Pferd*)的故事就发生在博登湖畔的于伯林根。当我们看见小说中有一对前来湖边度假的哈尔姆夫妇下榻在核桃村时,我们自然而然地要开启传记及心理学解读模式;当我们看见赫尔穆特在前往克劳斯·布赫下榻的宾馆途中调侃比尔瑙教堂"像牛犊一样挺起胸脯迎接阳光"的时候,我们不得不佩服瓦尔泽擅于就地取材。因为,矗立在他家东边几百米的山腰上的比尔瑙教堂,是一座坐北朝南、具有巴洛克建筑风格的朝圣教堂,赫尔穆特戏谑这座朝圣教堂,就是为了避免给人留下自己在朝圣的印象。《惊马奔逃》征服了众多读者,其中包括长期对瓦尔泽进行无情打压的马塞尔·赖希-拉尼茨基——他惊叹这是"德语散文的一篇杰作"。它还让雕刻家伦克(Peter Lenk)获得了创作灵感。1999年,一尊由伦克创作、取名为"博登湖骑士"的怪诞组雕出现在于伯林根的码头广场,并旋即成为于伯林根的城市地标。雕像上面那位戴着眼镜、穿着溜冰鞋的骑士就是瓦尔泽,那匹夹着尾巴、止步不前的马就是瓦尔泽的"惊马"。伦克的作品让瓦尔泽成为唯一一个在有生之年就享受雕塑纪念的德国作家。《迸涌的流泉》同样是一本不可多得的乡土小说。这本小说不仅勾勒出瓦塞堡及其周边地区的风土人情,包括当地人的生活习俗、宗教习俗、语言习俗(阿勒曼方言也成为小说的话题和看点),而且写出了历史和政治和复杂多样的人性。读到马戏团小丑戏说1938年德奥合并这一历史事件时,我们不禁要再次为瓦尔泽擅于就地取材而拍案叫绝。因为小丑说的是:1938年春博登湖的湖水猛涨,不是因为周边山区的冰雪融化,而是因为"奥地利人的眼泪"——奥地利人"为回归帝国喜极而泣"。德奥关系可谓一言难尽。

我们最后说说瑞士。瓦尔泽对瑞士有割舍不断的情缘。一方面,瑞士的大部地区原本就属于昔日的阿勒曼-施瓦本公国,与博登湖和上施瓦本地区构成了一个语言、文化乃至政治共同体。阿

九　纪念马丁·瓦尔泽：德语世界的桂冠作家

勒曼语是这一地区的语言纽带。瓦塞堡与隔湖相望的圣加仑在一千年前就亲如一家（当时还不存在瑞士这个国家）。10世纪，当马扎尔人大举进攻圣加仑的时候，修道院的教士们纷纷逃往固若金汤的"水中要塞"瓦塞堡（德语里的瓦塞堡本来就是"水中要塞"的意思）。另一方面，瑞士西南部阿尔卑斯山区的瓦莱州（海拔4 478米、远近闻名的马特洪峰就在瓦莱州境内）是公认的瓦氏宗亲的发源地。大约从12世纪起，瓦尔泽们从这里走向了四面八方。20世纪中叶以后，瓦尔泽们产生了强烈的宗族意识和寻根意识。他们不仅在瑞士多个地方建立了瓦氏之家，还举行三年一次的国际瓦氏宗亲大会。1962年，首届大会在被誉为"阿尔卑斯山珍珠"的瑞士小镇萨斯费举行。瓦尔泽参加过瓦氏宗亲大会，因为他乐意认祖归宗，尤其是宗族里面还有一位罗伯特。罗伯特·瓦尔泽（Robert Walser，1878—1956）是20世纪上半叶最伟大的瑞士作家，受到卡夫卡、穆齐尔（Robert Musil）、黑塞、本雅明和图霍尔斯基（Kurt Tucholsky）等诸多德语大家的推崇。马丁对罗伯特更是崇拜得五体投地，他自述把后者的小说《雅各布·冯·贡滕》（*Jakob von Gunten*）读了二十来遍。1978年，在苏黎世举行的罗伯特·瓦尔泽诞辰100周年纪念大会上，他是当仁不让的特邀演讲嘉宾。此外，瓦尔泽一家在瑞士的格劳宾登州有一套乡间别墅，而格劳宾登也是瓦氏宗亲会认定的瓦氏祖居地，1989年的瓦氏宗亲会就在这里举行。瓦尔泽还特别钟爱瑞士的高山牧羊犬，其中一只叫布鲁诺的我们并不陌生，因为它多次与主人同框出镜。还有，《迸涌的流泉》的小主人公给他的爱犬取名退尔，既是为了纪念席勒，也是为了纪念瑞士的民族英雄威廉·退尔。

热爱家乡、扎根故土的瓦尔泽，又是一个频繁外出、喜爱远游的作家。平均下来，他每年有一半的时间在途中。当代德国作家恐怕无人能出其右。他需要云游四方。一来有乡愁就有远愁，二者相辅相成。他的远愁也非常人能比。二来他是当代的"文学君主"，他需要巡视自己的文学领地，要与四面八方的"文学臣民"保持接触。况且他生活在朗诵文化极为发达的德国。在这个国家，有文学新作诞生，就有作品朗诵会，而朗诵会总是给朗诵新作的作家带来物质和精神的双丰收。瓦尔泽既是"文学君主"，又是高产作家和公认的朗诵艺术家，所以他自然成为参加自家作品朗诵会最多的作家。光是一本《恋爱中的男人》，就让他登台朗诵了50多场，甚至让他不远万里来到中国……

他是博登湖的儿子，但他最终属于全世界。

十　欧洲·亚洲·疗养院
——对托马斯·曼小说《魔山》的三重解读

发表于1924年的《魔山》(*Der Zauberberg*)，不仅是一部名副其实的百年文学经典，而且是德国最重要的一位小说家创作的一部最神奇的小说。

《魔山》的作者是托马斯·曼。他是1929年的诺贝尔文学奖得主，是公认的现代德语小说经典作家[1]。在几位20世纪德语文学批评的大家眼里，他是德语文学的个中翘楚[2]，他的影响远远超出了文学范围。他在美国流亡期间说过一句广为传颂的名言："我在哪

---

[1] 文学史一般都讲德语现代小说六大家。与托马斯·曼比肩而立的有卡夫卡、黑塞、布洛赫、德布林、穆齐尔。
[2] 马克思主义文艺理论家格奥尔格·卢卡奇把他视为20世纪德语文学的第一人；德国著名文学评论家汉斯·迈耶把他排在卡夫卡之后和剧作家布莱希特之前；有德国"文学教皇"之称的当代评论家马塞尔·赖希－拉尼茨基则认为托马斯·曼和卡夫卡在20世纪的德语文坛并列第一。值得注意的是，民间的看法与这几位权威人物大致相同。譬如，2005年，在托马斯·曼逝世五十周年之际，德国一家民调机构的问卷调查表明，在20世纪的德国作家中间，托马斯·曼和布莱希特数一数二。

里,德国就在哪里。"如今的德国国家图书馆的馆藏书目则表明,托马斯·曼已跻身十个最有影响力的德意志文化名人之列,与路德、康德、歌德、席勒、马克思、恩格斯、雅可布·格林(Jacob Grimm)、尼采、黑塞排在德国文化的第一方阵。难怪,德语国家的托马斯·曼协会就有6个之多。它们分别位于苏黎世、吕贝克、波恩、杜塞尔多夫、慕尼黑,还有波茨坦。

托马斯·曼自称是写作慢手,他的创作成果却十分可观。他长篇小说共计8部11册(《约瑟和他的兄弟们》[Joseph und seine Brüder] 是四部曲),其中6部是公认的经典,1部始终畅销。他还有1部中短篇小说集、总汇6卷的各类散文、1部戏剧、2本札记,以及12卷本的日记和大约25 000封书信。

首先,在托马斯·曼的长篇小说里面,《魔山》最为神奇。《魔山》的神奇始于书名。魔山,顾名思义,就是一座令人着魔的山,而这部小说讲述的就是一个年轻人如何为一家山顶肺病疗养院的生活着魔的故事。碰巧,托马斯·曼被家人亲切地称为"魔术师"(Der Zauberer),他还写过一篇题为《马里奥和魔术师》(Mario und der Zauberer)的著名中篇小说。

其次,《魔山》的创作史就是一部神奇的变形记。它的写作始于1913年,按照托马斯·曼最初的设想,它应该与他刚刚完成的中篇小说《死于威尼斯》(Der Tod in Venedig)形成"滑稽对偶"。就是说,二者不仅应该篇幅相当,也就是一百来页,而且在主题上彼此呼应，都写"死亡的诱惑"，只不过一者为庄重体，一者为滑稽体。1924年，当托马斯·曼大功告成的时候，《魔山》不仅变成了一部长达一千多页的长篇，其思想容量也呈几何级增长。形象地说，《魔山》从一支爱情奏鸣曲变成了一部宏大的思想交响曲。爱情只是其"主导动机"之一。

再次，《魔山》是托马斯·曼创作历程中的一个神奇的转折点。《魔山》之前，托马斯·曼深陷"大器早成"的魔咒：1901年，二十出头的他凭借长篇小说《布登勃洛克一家》（*Buddenbrooks*）一举成名，步入辉煌。不料，他很快有了创作烦恼。他生怕自己成为又一个韦伯，生怕自己跟这位音乐家一样，只有一部传世之作[1]。在随后的十几年里，他虽然写出了包括《特里斯坦》（*Tristan*）、《托尼奥·克吕格尔》（*Tonio Kröger*）和《死于威尼斯》在内的优秀的中短篇小说，他的长篇创作却乏善可陈（1909年发表的《国王殿下》[*Königliche Hoheit*] 始终未能跻身正典）。焦虑之中，他的其他一些写作计划也半途而废[2]。《魔山》之后，托马斯·曼变得胸有成竹、从容不迫，写一部长篇就是一部经典。

最后，《魔山》的接受史堪称神奇。这部小说在问世之初就反响甚好，甚至有点轰动效应，让许多人都读得如痴如醉。奥地利作

---

[1] 卡尔·马利亚·冯·韦伯（Carl Maria von Weber）《魔弹射手》（*Der Freischütz*）。

[2] 《死于威尼斯》第二章开篇介绍的阿申巴赫作品就是被托马斯·曼埋葬的未完成作品。

家阿图尔·施尼茨勒（Arthur Schnitzler）读完之后呼吁托马斯·曼"再来一千页"。《魔山》初版印刷2万册，出版不到4年，就再版100次，销量达到10万册，还被译成12种欧美语言。托马斯·曼的人气由此达到新高。1929年，在《魔山》问世的第5个年头，托马斯·曼获得诺贝尔文学奖。令人诧异的是，瑞典文学院在给托马斯·曼的授奖证书中把他近三十年前发表的《布登勃洛克一家》宣布为授奖理由，对《魔山》只字不提。很明显，《魔山》未入瑞典文学院的法眼。但是这并不妨碍《魔山》一路红火，而且火到海外。20世纪40年代初，好莱坞女影星艾娃·加德纳（Ava Gardner）与丈夫米基·鲁尼（Mickey Rooney）打离婚官司，她在法庭陈述的离婚理由就是被米基·鲁尼"逼迫阅读《魔山》"。当然，瑞典文学院也知道与时俱进。二十年后，想纠正自身错误的瑞典人严肃考虑过是否以《魔山》为由给托马斯·曼第二次颁奖。值得一提的是，瑞士小镇达沃斯也看走了眼。以达沃斯的一家肺病疗养院为故事背景的《魔山》，发表之后立刻受到达沃斯方面的抗议和抵制。托马斯·曼被指抹黑疗养院，抹黑达沃斯。在当时，疗养院就是达沃斯的摇钱树和命根子。为抵消《魔山》给本地声誉造成的损害，达沃斯旅游局还特地委托当红的德国儿童文学作家埃里希·凯斯特纳（Erich Kästner）写一本达沃斯的小说；1934年，当托马斯·曼的大女儿艾丽卡（Erika Mann）率领自己创建的卡巴莱剧团来到达沃斯巡演时，达沃斯当局不仅做出禁演决定，而且再次

十 欧洲·亚洲·疗养院

提及《魔山》给当地造成的名誉损害。后来,达沃斯人自然也从抵制《魔山》变为景仰《魔山》。1994 年 8 月,在《魔山》出版 70 周年之际,达沃斯隆重举行了有 600 人参加的《魔山》国际研讨会。2024 年 8 月,达沃斯举行了《魔山》问世一百周年大型学术研讨会。不言而喻,《魔山》已是达沃斯的一块文化招牌。对世界各地的文学爱好者而言,达沃斯名扬遐迩不是因为达沃斯经济论坛,而是因为托马斯·曼的《魔山》。如今,《魔山》已经译为世界各大语言,它是一部名副其实的世界名著。

《魔山》的主人公名叫汉斯·卡斯托普(Hans Castorp),是一个即将成为船舶工程师的年轻人。他从家乡汉堡启程,来瑞士达沃斯的一家肺病疗养院看望表兄。他计划逗留 3 周,然后回到汉堡入职。不想,他在达沃斯一口气待了 7 年,他在疗养院的驻留身份也从访客变成了病人,最后是"一战"的炮声把他撵下了山。《魔山》所描写的,是汉斯·卡斯托普在疗养院的饮食起居、所见所闻、所思所感。小说勾勒的人物是形形色色的,刻画的事物是五花八门的,它的语言又很耐人寻味,所以很耐读,真可谓"横看成岭侧成峰"。

《魔山》有许多值得观赏和玩味的"岭"和"峰"。譬如,我们可以把它当情感小说来读,看看一个人在陷入情感漩涡之后会变得如何地滑稽和迷茫,看看汉斯·卡斯托普迷恋俄罗斯女人克拉芙季亚·舒夏(Clawdia Chauchat)的故事如何变成一出守株待兔的喜剧；又如，我们可以把《魔山》当哲理小说来读，看看它如何表现疾病、死亡、人的本质和尊严等永恒话题；再譬如，我们可以把《魔山》当作一本时间小说来读，看看小说中对时间的思考和讨论与其他的诗哲大家的相关论述有何思想关联，如爱因斯坦的相对论、亨利·柏格森的《时间与自由意志》(Time and Free Will)[1]、海德格尔的《存在与时间》(Sein und Zeit，据说海德格尔喜欢读《魔山》) 以及普鲁斯特小说《寻找失去的时间》(À la recherche du temps perdu，旧译《追忆似水年华》)；再者，我们可以把《魔山》当作一本成长小说或者修养小说或者是反成长、反修养小说来读，看看汉斯·卡斯托普如何从一个单纯的理工男变成了一个博学而复杂的思想者，看看他的故事在何种意义上继承或者偏离了这一充满德意志特色的文学传统；最后，我们还可以把《魔山》当作一本超级童话和现代版神话来读，看看童话和神话的幽灵如何随着数字7、随着叙事者"对过去式的轻声召唤"在达沃斯的山巅徘徊，以及唐豪塞和帕西法尔这类探秘英雄的身影如何在汉斯·卡斯托普身上闪现。总之，《魔山》可以这样读，也可以那样读。我们甚至可以说，有一千个读者就有一千本《魔山》。下面我们就聚焦三个看点，围绕三个话题进行讨论：一是《魔山》对肺病疗养院

---

[1] 《时间与自由意志》是柏格森这部著作1913年的英文译本标题。该书的法文标题为 Essai sur les Données Immédiates de la Conscience，直译是"论意识的直接材料"。

的描写，二是塞坦布里尼（Ludovico Settembrini）和纳夫塔（Leo Naphta）的马拉松式的辩论（简称：塞纳之辩），三是《魔山》的地缘政治叙事，塞坦布里尼的涉亚言论。

1

《魔山》，首先是一本疗养院小说。托马斯·曼的创作灵感原本就来自达沃斯的一家肺病疗养院，他曾陪着妻子在那里待过半年，疗养院的生活方式给他留下了深刻印象。《魔山》为肺病疗养院勾勒的文学素描，既是这本小说的一大艺术亮点，又引来其接受史上的一段"佳话"：《魔山》问世之初，最大的社会反响来自达沃斯乃至整个德语国家的医学界。这本小说得罪了达沃斯，得罪了医学界。《德国医学周刊》（*Deutsche Medizinische Wochenschrift*）和《德国内医机关报》（*Zentralblatt für innere Medizin*）等专业期刊撰文对其进行批驳[1]，达沃斯的多家肺病疗养院还禁止病人阅读

---

[1] Frage und Antwort. Interviews mit Thomas Mann 1909-1955. Herausgegeben von Volkmar Hansen und Gert Heine. Hamburg: Albrecht Knaus Verlag. 1983. S.121. 不过，德国医学界也有专家和权威出来力挺《魔山》，如生物气象学创始人瓦尔特·阿麦隆（Walter Amelong），如肺结核治疗专家、担任过达沃斯肺病疗养院主治医师的克里斯蒂安·菲尔绍（Christian Virchow）教授。参见：https://de.wikipedia.org/wiki/Der_Zauberberg。

《魔山》[1]，有人还诉诸法律手段，等等。如今，这一切全都烟消云散。托马斯·曼早就说过，他的《魔山》是一曲"天鹅绝唱"，因为它把资产阶级在肺病疗养院的醉生梦死的生活方式写得淋漓尽致[2]，英国《泰晤士报文学增刊》（The Times Literary Supplement）更是把《魔山》誉为"一篇具有德式缜密和长度的疗养院生活研究报告"[3]。更为重要的是，《魔山》早已跻身正典，《魔山》的疗养院叙事早已载入史册。托马斯·曼和他的《魔山》至少出现在4个德文维基词条：Davos（达沃斯），Tuberkulose（肺结核），Lungenheilstätte（肺病疗养院），Blauer Heinrich / Spucknapf（蓝衣亨利 / 袖珍痰盂）。

对于达沃斯的肺病疗养院，《魔山》的确忠实地描写了一幅全景图：一方面，从疗养院的地理位置，到房屋的外观、结构及周边环境，再到疗养院病人的生活内容和日程安排，其中包括日复一日的体检、治疗（包括辅助治疗手段）、餐饮、作息、社交，以及各

---

[1] Christian Virchow, Medizinhistorisches um den Zauberberg. Das „gläserne Angebinde" und ein pneumologisches Nachspiel. Gastvortrag an der Universität Augsburgi am 22. Juni 1992. In: Augsburger Universitätsreden. Herausgegeben vom Rektor der Universität Augsburg. Augsburg 1995, S.2.

[2] 《托马斯·曼散文》，黄燎宇等译，人民文学出版社，2014年，第251页。

[3] Thomas Mann: Der Zauberberg. Große kommentierte Frankfurter Ausgabe. Kommentarband. Herausgegeben und textkritisch durchgesehen von Michael Neumann. Frankfurt am Main: S. Fischer Verlag 2002. S.122.

十 欧洲·亚洲·疗养院

种科普、文艺及休闲活动，甚至包括临终关怀和殡葬细节。相关文字的真实性经得起历史图文资料的对比和检验。尤其令人赞叹的是，当时通行的肺结核病的诊断、治疗和预防手段在此几乎悉数上场，如 X 光透视、新鲜空气卧疗法、袖珍痰盂、叩诊、气胸手术、加夫基指数，以及包括望诊、触诊、叩诊、听诊在内的一整套肺病诊断方法。此外，《魔山》还记录了达沃斯作为疗养胜地的高光时刻。1912 年，当托马斯·曼来到达沃斯的时候，这个仅有 1 万名本地居民的小镇，凭借其得天独厚的自然条件，吸引来自世界各地的 3 万名疗养客。另一方面，小说细致入微、鞭辟入里地刻画了疗养院的医患关系、人际关系，还有千奇百怪的病人众生相。相关的描写不可避免地触及疗养院所爱惜的羽毛，如医术、医德，如疗养院的精神风貌和道德风尚。书中描写的如下情况肯定是疗养院方面所不愿意见到的：第一，肺病在肺病疗养院基本治不好，这里的病人十有八九是站着进来、躺着出去；第二，山顶疗养院病人的三观和生活作风都不同于山下的资产阶级的世界，醉生梦死、别出心裁者不在少数；第三，院方把病人看作摇钱树，所以总是想方设法吸纳病人、留住病人（包括提示疗养院不缺花姑娘），对于院长贝伦斯，好的病人就是安心留在疗养院的病人，为此，托马斯·曼在一篇文章中直言肺病疗养院"专宰富人"[1]。有趣的是，

---

[1] 《托马斯·曼散文》，黄燎宇等译，人民文学出版社，2014 年，第 251 页。

托马斯·曼的宰富说和天鹅绝唱说在无意之中触碰到荒诞的现实：诞生于19世纪中叶的肺病疗养院，也许是人类医学史上最烧钱、最荒诞的发明之一。在那个十病九痨、人们对痨病即肺结核束手无策的时代，有人灵光一现：只要持续呼吸新鲜空气并接受紫外线的照射，同时加强营养并且有规律地生活，结核病就会逐渐治愈。灵光一现的，是德国医生赫尔曼·布雷默（Hermann Brehmer），更是大名鼎鼎的博物学家亚历山大·冯·洪堡[1]。事实上，直到20世纪中叶，在有效对付结核杆菌的化学药品诞生后，肺结核病才得到有效遏制，世界各地的肺病疗养院随之相继停业。人们这才蓦然回首：原来，肺病疗养院的百年历史，就是一部"靠天治病"的历史，就是一部让有产阶级在风光迤逦、养尊处优的环境中大把烧钱的历史。对此，托马斯·曼的夫人、因为误诊而在1912年春住进达沃斯的森林疗养院的卡佳·曼（Katia Mann）在回首往事时写道："假如我们没有能力去疗养院逗留，我可能自动痊愈，谁知道。你有钱就让你去达沃斯或者阿罗沙。"[2] 最后，《魔山》还浓墨

---

[1] 肺病疗养院虽然是布雷默的思想首创，但是当布雷默的建院计划受到官方阻拦时，是大名鼎鼎的博物学家亚历山大·冯·洪堡出面为其扫除障碍。更为重要的是，周游世界的洪堡声称自己在山区里从未见过结核病人。他的说法让高山疗养院的修建获得了"科学依据"。

[2] Katia Mann: Meine ungeschriebenen Memoiren. Veröffentlicht im Fischer Taschenbuch Verlag GmbH, September 1976. Frankfurt am Main. S.78.

十 欧洲·亚洲·疗养院

重彩、饶有兴味描写了当时在医疗卫生领域出现的新生事物，如袖珍痰盂、X射线，还有心理分析。下面我们就看看小说是如何描写这三件新生事物的。

我们先说说袖珍痰盂。这个东西在小说的第一章第一节中就已出现。事情发生在约阿希姆·齐姆森（Joachim Ziemßen）和汉斯·卡斯托普从达沃斯火车站前往疗养院的路上。哥俩聊天时，约阿希姆谈到自己的身体状况，说了一句"可是我还咳痰"（8 [1]），说着就掏出一件东西给表弟看：

这东西只掏出一半，又被塞回去了：原来是一只扁平的椭圆形蓝色玻璃瓶，带金属盖。"这东西我们山上的多数人都有，"他道，"我们给它取了个名字，一个绰号，很好玩。"（18）

这东西做什么用？它那好玩的绰号是什么？叙事者一直秘而不宣。故事又讲了一百来页，到了第三章第七节，谜底才得以揭开：病入膏肓的布鲁门科尔博士从餐桌站起身，走出餐厅。见状，口无遮拦的施托尔太太点评道：

---

[1] 《魔山》文本内容全部引自托马斯·曼文集注释本：Thomas Mann: Der Zauberberg. Große kommentierte Frankfurter Ausgabe. Textband. Herausgegeben und textkritisch durchgesehen von Michael Neumann. Frankfurt am Main: S. Fischer Verlag 2002，括弧里标注原文页码。

"可怜虫!"她说,"他已奄奄一息了。转眼间他又去找蓝衣亨利说话。"(120)

汉斯·卡斯托普深感诧异。他不理解蓝衣亨利这一怪诞的说法施托尔太太居然脱口而出。他哑然失笑,又不寒而栗。很明显,他遭遇了黑色幽默。所谓黑色幽默,就是拿疾病和死亡开玩笑的幽默。汉斯·卡斯托普对疾病和死亡天然地怀有敬畏之心,施托尔太太这种肆无忌惮的玩笑自然让他感觉心惊肉跳。需要指出的是,这里所说的"蓝衣亨利",其正式名称是"咳嗽病人专用袖珍玻璃瓶"。"蓝衣亨利"是一个椭圆形的扁平玻璃瓶,瓶身被设计为蓝色玻璃,以遮蔽不雅之物。瓶子的上方有一个银质翻盖,翻盖下面是一个银质的喇叭口,瓶底则有一个可旋拧的底盖。这个被戏称为"蓝衣亨利"的袖珍玻璃痰盂是一项用心良苦的医学发明,目的在于防止肺结核传染,发明者是德国肺病专科医生彼得·德特魏勒(Peter Dettweiler)。根据《防止传染病法》,达沃斯当局自1900年3月15日起要求肺病病人必须随身携带这一卫生用具。Der blaue Heinrich 最好译为"蓝衣亨利",一来可以产生拟人化效果,二是因为德语文学中有一个著名的文学人物叫"绿衣亨利",德文是 Der grüne Heinrich。他是瑞士作家戈特弗里德·凯勒(Gottfried Keller)的同名小说的主人公,因身着绿衣服而得名。"绿衣亨利"这一传神译法源自我们的翻译大家田德望先生。

十 欧洲·亚洲·疗养院

现在我们说说 X 光体检。它是《魔山》浓墨重彩描绘的又一个新生事物。众所周知，X 光又名伦琴射线，是 1895 年由时任德国维尔茨堡大学校长兼物理所所长的威廉·康拉德·伦琴（Wilhelm Conrad Röntgen）发现的。为此，伦琴本人在 1901 年成为第一位诺贝尔物理学奖得主[1]。托马斯·曼提笔写《魔山》的时候，距离把伦琴射线用于医学检查也就十来年。托马斯·曼对这一新生事物充满好奇。他不仅向医生朋友请教与 X 光有关的各种问题，还通过关系多次前往医院放射科实地考察。最后，他把自己的思考和感受写进了《魔山》，写了整整一个章节，也就是题为"我的上帝，我看见了！"的第五章第二节[2]。根据专家鉴定，托马斯·曼的相关文字"没有一句外行话"[3]。但是，我们不仅关心描写 X 光体检的文字的专业性，而且关心体检经历给汉斯·卡斯托普带来的心灵刺激和震撼。因为，当约阿希姆接受透视时，站在一旁观看（当时的放射科连医生和病人都没有隔离开来）的汉斯却在 X 光造影上看见了"约阿希姆的坟墓形态和尸骨"；当他自己接受透视的时候，他同样看见了"自己的墓穴"，看见"光线的力量提前完成了通过尸体腐烂才能办到的事情，他的皮肉瞬间被剥离，被消灭，随之化为乌

---

[1] 伦琴也是经常到托马斯·曼的岳父岳母家做客的慕尼黑文化名人之一。
[2] 也可译为："天啦，我看见了！"
[3] Christian Virchow, a.a.O., S.13.

有"。由此,《魔山》创造出形象生动、相映成趣的两个概念:"光线解剖"和"坟墓解剖"。X光造影就犹如用光线对人体进行解剖,解剖的结果就是一具骷髅,而骷髅形象就是墓葬时代人类在坟墓中的形象。

X光造影不仅让汉斯感到恐惧,因为他看见了骷髅或者说死亡,他还感到羞耻。透视之于他,犹如二次脱衣,犹如裸体示人。所以,在接受透视那一刻,他感觉自己"被绑在面对风雨雷电的耻辱柱上"。因此,当他想到让他朝思暮想的克拉芙季亚[1]·舒夏将作为下一个人进入放射科的时候,他变得脸色铁青,因为贝伦斯大夫即将把克拉芙季亚的身体内部看个够。对于他,X光体检已带有色情体验的性质。对于今人,这绝对是一个"想不到"。然而,这不仅是《魔山》为我们保存的X光造影接受史上的一则佳话,我们也可以从中获得重要的思想或者说艺术启发。因为,如果不对X光片进行色情化解读,我们就无法回答几乎困扰每一个《魔山》读者的问题:汉斯·卡斯托普和克拉芙季亚·舒夏之间到底有事没事?要知道,聪明如现代小说大家罗伯特·穆齐尔(Robert Musil),读了《魔山》之后就十分困惑,他怀疑汉斯·卡斯托普未能得手,一直

---

[1] 德文是:Clawdia。笔者也长期心安理得地写作"克拉芙迪亚"。最近突然意识到这是俄文名字,向俄文专家请教之后方知这是"克拉芙季亚"。

十 欧洲·亚洲·疗养院

在手淫而已[1]。其实,这个并不简单的问题的答案就在 X 光片。我们看到,汉斯·卡斯托普不仅保留着克拉芙季亚·舒夏的 X 光片,他还"无数次地注视这小小的 X 光片,无数次地亲吻它"。与此同时,叙事者强调这是克拉芙季亚·舒夏给他的"纪念品"。X 光片代表一种"内在认识",对于有了云雨经历的汉斯·卡斯托普,没有比 X 光片更真实,也更炫酷的纪念品。

今天的人们,面对 X 光体检可能会担心辐射危害自身健康。但是在《魔山》时代,X 光体检给人们的更多是死亡想象、色欲想象,还有一丝的羞耻感。阅读《魔山》,我们不得不感叹时过境迁。

现在再看看《魔山》如何写心理分析。我们看到,心理分析在小说开篇就已出现。在第一章第一节的结尾,约阿希姆就告诉初来乍到的汉斯,疗养院有一个克洛科夫斯基博士(简称:克氏),他是助理大夫,却作为服务亮点在疗养院的宣传册里推出,因为他从事心理分析。在第一章第三节的结尾,这哥俩在餐厅遇上了克氏。他见面就给了汉斯·卡斯托普一个下马威:当汉斯声明自己只是访客不是病人、因为"一点病没有"的时候,克氏回应道:"果真如此,您倒是一个极具研究价值的现象。一点没病的人我还从未见过。"小说的第四章第六节题为"心理分析",写克氏如何为疗养院

---

[1] Hermann Kurzke, Die Erotik des Zauberberg. In: Hefte der Thomas Mann-Gesellschaft Sitz Lübeck. Heft 6/7. August 1987. S.56. 赫尔曼·库茨克对《魔山》的色情语言做了最系统、最具开拓性的分析。

客人做科普讲座。在这场讲座中,克氏淋漓尽致地宣传其泛性论和爱欲致病论:色欲,性也,色欲,病也,色欲面前人人平等,不分高低贵贱,不分男女老少……他的报告取得了语惊四座、震碎三观同时又深入人心的效果。他的诊室常常应接不暇,遇到疗养院的女客们为某某小帅哥争风吃醋的时候更是如此。但是,疗养院里也有冷眼旁观乃至横眉冷对者,譬如意大利人文主义者、启蒙思想家努多维科·塞坦布里尼。塞坦布里尼始终以批判和怀疑的眼光看待克氏,所以他告诫汉斯·卡斯托普要远离克氏,因为这人"脑子里只有一个念头,而且非常肮脏",因为克氏是一个"听人忏悔的无耻神父",他塞坦布里尼的人格尊严不允许他"把自己交给他做教士的勾当"。的确,克氏怎么看都是一个可疑的人物。他的外表很特别,因为他有一张惨白的脸面和一双火辣辣的眼睛,一脸的大黑胡子,中间却掺杂着几根银丝;他的装束也很不和谐,因为他上面穿着双排扣黑色翻领西服,脚下却是一双修士穿的皮拖鞋,外搭羊毛短袜,总之,他的外表就像是他自己所讲解的贞洁和色欲永恒缠斗的化身。他的神态举止也同样可疑:在结束题为"爱情作为致病力量"的讲座那一刻,他"摊开了双臂,同时又歪斜着脑袋",就像"钉在十字架上的主耶稣";在下一刻,当他走出报告厅的时候,跟在他身后的众人就像"跟在捕鼠人身后跑的小孩子"。这个捕鼠人,当然是指《格林童话》讲的那个出现在哈默尔恩城的捕鼠人。他先用笛声引诱老鼠,让老鼠们溺毙在威悉河;后用笛声引诱儿童,跟在他身后跑的儿童最后全都消失在大山背后……

听人忏悔的教士,救世主,哈默尔恩城的捕鼠人:这是《魔山》为心理分析医师克洛科夫斯基(Dr. Krokowski)博士勾勒的3幅文学肖像。四目相对,听人掏心、听人忏悔,这不是天主教神父做的事情吗?摆出架势,要把众人从欲望之海解救出来,这不是一种救世主姿态?妖言惑众,引得众人趋之如鹜,这是不是跟捕鼠人颇为神似?毫无疑问,这是3幅栩栩如生而且耐人寻味的寓意图。它们所反映的,是托马斯·曼接触心理分析这一新生事物之后产生的第一反应。在《魔山》时代,心理分析是一件新生事物。众所周知,1896年弗洛伊德首次提出心理分析这一概念,1900年弗洛伊德发表《梦的解析》(*Die Traumdeutung*),标志着心理分析学科的形成,1905年发表《性学三论》(*Drei Abhandlungen zur Sexualtheorie*),标志着心理分析产生了广泛的社会影响。1910年在德国纽伦堡成立的国际精神分析学会,则是精神分析学派形成的标志。托马斯·曼在1911—1912年间初次接触弗洛伊德的学说,读的是弗洛伊德的文学评论《耶森小说〈格拉蒂瓦〉中的幻觉与梦》(*Der Wahn und die Träume in W. Jensens „Gradiva"*)和《性学三论》[1]。从《魔山》可以看出,他的心态显然比较复杂。

---

[1] Thomas-Mann-Handbuch. Herausgegeben von Helmut Koopmann. Stuttgart: Alfred Kröner Verlag, 1995. S.292.

一方面,《魔山》写得非常地弗洛伊德。最明显的例子就是反复出现的梦境描写和泛色情化的语言[1],上述的第四章第六节就是对《性学三论》的文学概述和改写。《魔山》中最为经典的一个文字游戏似乎也要归功于弗洛伊德有关小小的口误是潜意识的大暴露的论断:当英雄般的好兵约阿希姆·齐姆森死去后,施托尔太太放声痛哭。哭喊中,她把贝多芬的《英雄交响曲》(*Eroica*)说成了《雌雄交响曲》(*Erotica*)。必须指出的是,无论《魔山》写得多么地弗洛伊德,都不能视其为活学活用或者现炒现卖的结果。只能说,心理分析和文学是一拍即合的精神胞兄。正如弗洛伊德的理论(如俄狄浦斯情结)离不开文学作品的启发,文学家读弗洛伊德的论述时多半也会觉得相见恨晚。托马斯·曼后来说过:"我每出一本书,心理分析学界几乎都要发表声明或者撰写论文来表示赞同,因为他们在我这里重新发现了来自其专业世界的一些元素。"

另一方面,托马斯·曼刚刚接触到心理分析理论时,虽然并不觉得陌生,但还是存在一些疑惑。他既不知道如何对心理分析进行思想史定位,也无法判断其社会功效,所以他把克洛科夫斯基博士变成塞坦布里尼的批判对象。塞坦布里尼代表西方和光明,克氏自

---

[1] 托马斯·曼在日记中写道:"《魔山》是我写得最色的一本书。"参见:Thomas Mann: Tagebücher 1918-1921. Herausgegeben von Peter de Mendelssohn. S. Fischer Verlag. Frankfurt am Main. 1979. S.396。

然代表东方和蒙昧,他本就来自东欧,而且跟俄罗斯人打得火热。不过,这只代表托马斯·曼在《魔山》时代的认知。在后《魔山》时代,托马斯·曼系统阅读了《弗洛伊德文集》(*Sigmund Freud: Gesammelte Schriften*[1]),对时代和社会也有了新的感知和认识,所以,他对心理分析学说态度有了根本的转变,他甚至和弗洛伊德本人建立了友谊。现在,他一面高屋建瓴地把力比多理论定义为"被剥去神秘主义外衣的、已成为自然科学的浪漫主义"[2],一面努力从启蒙的角度去阐释弗洛伊德的思想,把理性主义视为深层心理学的底色。为此,他特地引述了弗洛伊德的一句名言:"本我在哪里消失,自我就应出现在哪里。"[3] 有趣的是,他后来把心理分析宣布为希特勒的死敌。因此,他在《希特勒老兄》(*Bruder Hitler*,1939)一文中写道,希特勒出兵维也纳,可能就是为了缉拿对其阴暗心理了如指掌的心理分析大师弗洛伊德[4]。

---

[1] 位于莱比锡的国际心理分析出版社(Internationaler Psychoanalytischer Verlag,简称:IPV)在1925—1929年间陆续推出了12卷本的弗洛伊德文集。这套由弗洛伊德女儿安娜参与编纂的文集是第一套弗洛伊德文集。

[2] 这是《弗洛伊德在现代思想史上的地位》(1929)一文中发表的观点。参见:Thomas Mann: Tagebücher 1918-1921. Herausgegeben von Peter de Mendelssohn. S. Fischer Verlag. Frankfurt am Main. 1979. S.110。

[3] 这句话出现在《弗洛伊德与未来》(1936)一文的结尾。参见:Thomas Mann, Gesammelte Werke in dreizehn Bänden: Band IX. Frankfurt am Main: Fischer Taschenbuch Verlag. S.501。

[4] Ebd., S.215。

总之,《魔山》的上述描写得益于科学、历史和文学的相互作用。读者也由此看到,文学与科学相遇会擦出怎样的火花。

2

即便在世界文学范围内比较,《魔山》也是最有思想容量和最有思想锋芒的长篇小说之一。对此,塞坦布里尼和纳夫塔之间的辩论(简称:塞纳之辩。下同)功不可没。塞坦布里尼和纳夫塔都是学问家、思想家、雄辩家,他们的立场和观点却是针锋相对的。他们见面就争辩,辩论的话题包罗万象,涉及自然、社会、经济、法律、政治、哲学、科学、文学艺术、科学技术等诸多领域。二人的马拉松式的辩论断断续续进行了几百页,最后以一场手枪决斗告终。塞纳之辩是《魔山》下半部[1]的主要看点。

塞纳之辩是一场思想大戏。辩论的双方看似随心所欲、天马行空,但都有各自的立场、意图和思想红线。我们先看看塞坦布里尼是何许人也。

意大利人塞坦布里尼是一个有着纯正地中海文明基因的人文主义者。他的祖父是反抗专制和暴政的意大利革命家,也是拜伦式的国际自由斗士,最后为希腊人的独立战争捐躯;他的父亲诞生在希

---

[1] 后半部分虽然只有六、七两章,篇幅却与上半部分均等。

腊,是一个满腹经纶的人文主义者。塞坦布里尼同时继承了父亲和祖父的基因,既著书立说,又心怀启蒙理想。所以他捍卫"人道"和人权,反对"神道"和君权,仇视愚昧、落后、病态的中世纪,盛赞德国人发明了火药和印刷术。他为什么欣赏火药和印刷术?因为前者"把封建主义的铠甲轰得稀巴烂",后者使民主思想得以广泛传播。塞坦布里尼把人类历史看作一个不断进步的过程,对科学进步和社会改革寄予厚望,相信启蒙精神将带领人类走向完美无缺的理想社会。

来自奥地利的纳夫塔是一个耶稣会教士。

什么是耶稣会?耶稣会是一个天主教修会,由西班牙贵族圣依纳爵·罗耀拉(Saint Ignatius of Loyola)1534年在巴黎创建。耶稣会诞生在宗教改革时代,以反宗教改革、复兴天主教为己任。耶稣会堪称天主教中的天主教。马丁·路德因为不满教会的腐败而掀起宗教改革运动,导致基督教世界一分为二,罗马天主教由此失去半壁江山。于是,痛定思痛的耶稣会教士把目光投向远方。于是,他们带着理想、学问和严格的纪律奔赴四方,为信仰开拓疆土。他们也不远万里来到中国。我们耳熟能详的来华传教士多半是耶稣会士,如利玛窦,如汤若望。对于耶稣会传教士的功绩,德国浪漫派作家诺瓦利斯在《基督教界抑或欧洲》(Die Christenheit oder Europa)一文中进行了总结。他说:"天主教在欧洲失去的土地,被耶稣会教士从最遥远的西方和最遥远的东方加倍夺回。"

纳夫塔与塞坦布里尼的观点和立场针锋相对。他一方面赞美中世纪，历数教会的丰功伟绩，如开垦蛮荒之地，坚持捍卫人类尊严的地心论，倡导平等原则和国际主义精神，确立"信仰先于认识"的原则，等等。另一方面，他对中世纪以来的历史发展嗤之以鼻。他嘲讽说，意大利人发明钱币兑换业，英国人发明社会经济学，法国人搞启蒙运动和大革命，都是在为资本主义鸣锣开道。资本主义社会则是一个罪恶的、可耻的、庸俗的金钱社会。它一面鼓励尔虞我诈、弱肉强食，一面把"长寿又健康、富足又快乐"变为全民追求的人生目标，因此，资本主义社会既不道德，也不审美。纳夫塔进而指出，资本主义社会已病入膏肓，它的掘墓人已经出现，这掘墓人就是现代无产阶级。现代无产阶继承了教皇格列高利的事业，要为"基督教共产主义"而奋斗，而且他们敢于抛头颅、洒热血。因此，纳夫塔大胆预言：崇尚"个性、人权、自由"的新时代，很快就要被崇尚"纪律、牺牲、自我否定、泯灭个性"的新时代取代；未来的个体最高理想是"神的人"，未来的社会最高理想是"神之国"。

对于塞纳之辩，我们可以从两个角度进行解读。

一方面，这是两希传统即希腊传统和希伯来—基督教传统的对垒。

希腊传统讲"人道"，追求人权、个性、民主、自由。这一传统始于希腊城邦，在意大利文艺复兴、英国的光荣革命和法国启蒙

十 欧洲·亚洲·疗养院

运动中发扬光大,法国大革命之后在西欧获得正统地位。它构成了当今西方的主流政治话语。

希伯来—基督教传统讲"神道",旨在用信仰构建人生,用宗教理性来管理社会、约束人性。这一传统始于诞生了《圣经》的近东,兴盛于罗马帝国,然后在中世纪的欧洲达到全盛。近代以来,基督教经历了一系列的打击和挫折,如教会分裂,政教分离,现代化和世俗化进程,但它依然保持着影响与活力,还随着19世纪的浪漫主义运动经历过一次强势复兴。在今天的欧洲,见证其影响力的,有比比皆是的教堂建筑和宗教活动,有诸多印有十字架图案的国旗和把基督之名写上党旗的政党,还有与布鲁塞尔和斯特拉斯堡平分秋色的罗马梵蒂冈。布鲁塞尔是欧盟总部,是欧洲的行政核心;斯特拉斯堡是欧洲议会的所在地;梵蒂冈则是罗马教廷和教皇的所在地,是占世界人口六分之一的天主教教徒的信仰中心。

总之,尽管希腊传统与希伯来—基督教传统大相径庭,常常还此消彼长,它们却共同奠定了西方文明的基础。而塞纳之辩在很大程度上就是两希传统的争辩,《魔山》就是一部活生生的、诗意化的欧洲文化史和欧洲思想史教材。

另一方面,塞纳之辩并非一场势均力敌的辩论会。尽管二人都是辩论高手,但是纳夫塔的言论显得更新鲜、更刺激、更极端,所以他显得技高一筹。这是自始至终在一旁观战、还不时煽风点火的汉斯·卡斯托普的印象,塞坦布里尼自己暗中恐怕要承认这一点——他原本是想阻止那哥俩认识纳夫塔的。这有趣的一幕就出现在小说第六章第二节的开篇。按照一般的想象，一个现代启蒙思想家应该能够轻而易举地打败一个维护旧时代、维护中世纪的保守主义者。然而，《魔山》里面没有出现这种局面。原因在于，纳夫塔不仅仅是耶稣会教士，他还从浪漫主义和现代共产主义思想中获得了精神武器，他常常对塞坦布里尼进行前后夹击，使之陷入腹背受敌的困境。什么叫前后夹击？如果套用小说中的说法，就是"前有马德里，后有莫斯科"。西班牙的马德里代表过去，代表中世纪的宗教狂热和宗教裁判所，同时也代表第一等级和第二等级，也就是教会僧侣和世俗贵族；苏联的莫斯科则代表未来，代表现代革命，代表第四等级即无产阶级。纳夫塔声称现代无产阶继承了教皇格列高利的事业，说的就是这个意思。正因如此，纳夫塔几乎总是咄咄逼人的态势。

可以说，如果没有俄国的十月革命和德国的十一月革命，《魔山》里面就不会出现这个纳夫塔。俄国十月革命取得成功，使托马斯·曼目睹了第一个由第四等级掌握政权的国家和一个全新的社会制度的诞生，使他认识到人类历史进入了一个崭新的阶段。德国十一月革命的爆发，则使他有机会近距离地观察共产党人。1919年春，慕尼黑成立了巴伐利亚社会主义共和国，其领袖人物是欧根·列文（Eugen Levi）、埃利希·米萨姆（Erich Mühsam）、恩斯特·托勒尔（Ernst Toller）、古斯塔夫·朗道埃尔（Gustav

Landauer)等左翼文人。这场革命遭到右翼的自由军团的镇压。居住在慕尼黑的托马斯·曼由此先后见识了红色恐怖和白色恐怖。与此同时,托马斯·曼对欧洲范围内的社会主义革命进行了观察。他发现,从莫斯科到布达佩斯,从维也纳到慕尼黑,各地的苏维埃领导人中间犹太人居多。他还发现,这些犹太革命家兼有"犹太极端思想"和"斯拉夫宗教狂热"。他们不仅智力超群、能言善辩,而且赴汤蹈火、视死如归。列文的名言——"共产党人个个都是前来度假的死者"——是这种视死如归精神的最佳表述。这种视死如归的共产主义英雄自然让出身资产阶级的托马斯·曼大开眼界。对于他,塞坦布里尼祖父就是资产阶级勇士的天花板。他感到新奇,也感到恐惧。他笔下的纳夫塔,不仅宣传英雄人生,对贪图安逸和物质享受的资产阶级人生充满蔑视,还实践英雄人生。雨天外出,众人打伞,他不打伞;和塞坦布里尼进行手枪决斗的时候,塞坦布里尼故意朝天开枪,他不仅斥之为"懦夫",而且果断朝自己的额头开枪!开枪之前他明确告诉对方,他要以此证明自杀比杀人需要更大的勇气。值得一提的是,纳夫塔这一人物形象的直接原型是著名的马克思主义文艺理论家、匈牙利犹太人格奥尔格·卢卡奇,虽然纳夫塔的身上闪现出前述的东欧犹太裔革命家的身影。卢卡奇可谓提携托马斯·曼的贵人,他的评论为后者作品在社会主义国家的广泛接受奠定了基础。托马斯·曼和卢卡奇本人见过一面,后者的渊博学识和敏捷的思维给他留下了极为深刻的印象。

纳夫塔是一个非同寻常的文学形象。在他这里，犹太出身、天主教和共产主义思想实现了三合一。托马斯·曼塑造这样一个人物形象，与其说是缘于众多中欧、东欧犹太人参与无产阶级革命这一事实，不如说是新的历史现实迫使他进行思考的结果。他发现，从十月革命产生的新人类与生活在资产阶级时代之前的旧人类有相通之处。譬如，二者都反对个人主义和物质主义，都推崇集体主义、理想主义和大无畏精神。在德文里面，"烈士"和"殉道士"是一个词：Märtyrer。不过，《魔山》也有意无意地忽略了新人类和旧人类的显著差别，譬如，布尔什维尔是无神论者，就此而言，莫斯科与马德里或者梵蒂冈可谓相距十万八千里。再譬如，基督教有自杀禁忌，举枪自杀的纳夫塔显然忘记了自己的基督徒身份。

从塞纳之辩可以看出，《魔山》是一则宏大的历史叙事。它不仅提纲挈领又具体而微地勾勒出两千年的欧洲文化史，而且揭示了十月革命和"一战"结束后德国社会受到的影响和面临的选择。纳夫塔和塞坦布里尼总是当着甚至是对着汉斯·卡斯托普的面争论，可以说，汉斯·卡斯托普既是他们争论的原因，也是他们争论的目的。这两人都试图吸引他、教育他、争夺他。汉斯·卡斯托普喜欢看他们的争论，因为每一次争论都让他大开眼界，偶尔他还火上浇油，但基本保持中立，而且总是表现得逡巡不定、左右观望。其实，引发塞纳之辩的汉斯·卡斯托普，既是欧洲资产阶级的代表，又是德意志民族的代表——汉斯就是最常见的德语名字，他的处境折射出欧洲资产阶级和德意志帝国的处境。《魔山》时代的欧洲资产阶级，可以说到了"最危险的时刻"，因为"漫长的资产阶级世纪"（1789—1914）已在"一战"和十月革命的炮声中结束，以自由主义为主导的资产阶级价值观受到质疑，新兴的苏维埃则显示出勃勃生机；《魔山》时代的德国，变成了夹在东西方之间的"中间之国"，面临何去何从的问题。在这样的形势下，托马斯·曼有些困惑和分裂，但也有其基本的立场和选择。这正如汉斯·卡斯托普独自一人在雪山冒险时所总结的：纳夫塔在辩论中"几乎总是在理"，但是塞坦布里尼"有善意"，或者说"比纳夫塔更有善意"。二人决斗时他做塞坦布里尼的助手也绝非偶然。

3

塞坦布里尼是《魔山》里面最有趣和最值得关注的一个人物，他最鲜明的特征也许就是他的恒定不变。汉斯·卡斯托普在疗养院待了七年，塞坦布里尼则是七年如一日地对其表示关注、关心和呵护。他自始至终都想保护汉斯·卡斯托普的精神健康，自始至终都想让他远离坏人坏事。他最大的心愿，就是让汉斯·卡斯托普赶紧下山，离开疗养院这个鬼地方。他对于汉斯·卡斯托普，是一副过于苦口的良药，汉斯·卡斯托普对于他，是一块难以雕刻又难以舍弃的新木。因此，尽管有他日复一日的教育和督促，尽管他的教育对象几乎总是一脸的谦虚、礼貌、好奇,但汉斯·卡斯托普却始终没有下山,而且一直在接触他本不应该接触的人和事。

塞坦布里尼是一个不可或缺的人物形象。可以说,有了他,《魔山》才有了路线之争,才有了或隐或现的思想主线。如果说塞纳之辩基本构成了《魔山》后半部的路线之争,让读者见识了欧洲两希传统的对垒以及20世纪的历史巨变与两希传统的关系,那么,这本小说前半部分的路线之争就发生在塞坦布里尼和俄罗斯女人克拉芙季亚·舒夏之间:克拉芙季亚·舒夏让汉斯·卡斯托普魂不守舍,塞坦布里尼则是苦苦阻拦,好言相劝。耐人寻味的是,塞坦布里尼进行劝阻的时候,不谈别的,只说克拉芙季亚·舒夏的俄罗斯民族身份,只说正在世界范围内发生的欧亚之争。汉斯·卡斯托普上山不久,在第四章第九节,塞坦布里尼就告诉他:"当今世界处于两大原则的斗争之中,即强权对正义,暴政对自由,迷信对知识,冥顽不化对运动进步。一个可以称为亚洲原则,另一个可以称为欧洲原则。欧洲时兴反抗、批判和变革,东方大陆却时兴静止、停滞和无为。"当然,这场斗争也发生在眼前,发生在达沃斯的肺病疗养院。在塞坦布里尼看来,疗养院的形势不容乐观,因为这里"四处可见鞑靼人的面孔",这里"弥漫着亚洲的气息"。更有甚者,"亚洲正在吞噬我们"。塞坦布里尼蔑视亚洲,敌视亚洲,他以欧洲为豪,时刻准备捍卫欧洲。

不过,什么是欧洲?什么是亚洲?在《魔山》的语境里,这是两个似是而非、笼而统之的概念,许多时候都需要打上引号。塞坦布里尼自视为欧洲的代表,但从思想史和文化史的角度看,他充其量代表半个欧洲,塞纳之辩已经证明这点。而他所抨击的亚洲,无论从地理、种族还是文化角度看,都有五花八门之嫌。疗养院的芸芸众生中间,恐怕只有来自中国的丁福博士是无可争议的亚洲人——这是一个形象不佳的边角人物。克拉芙季亚·舒夏和出现在疗养院餐厅的两桌俄国人,虽然有"讲究"和"不讲究"之分,都是"亚洲人";纳夫塔和克洛科夫斯基博士来自东欧,因为宣传或者欣赏"非西方"的、亚洲的思想(如老子的无为哲学)而被视为精神亚洲人;让塞坦布里尼十分讨厌的佩佩尔科恩(Mynheer Peeperkorn)虽是土生土长的荷兰人,但他有在印尼爪哇岛进行殖民的经历,所以也算亚洲人。其实,对塞坦布里尼而言,整个的疗养院都是"亚洲"。他一次又一次地阻止汉斯·卡斯托普接触"亚洲",但他无一例外地遭到失败。在小说的上半部分,汉斯·卡斯托普彻底拜倒在克拉芙季亚·舒夏的石榴裙下,在小说的后半部分,汉斯·卡斯托普被纳夫塔和佩佩尔科恩深深地吸引。自视为人间清醒的塞坦布里尼,拿糊涂的汉斯·卡斯托普毫无办法。

塞坦布里尼说的究竟是哪门子亚洲?作为中国读者,我们自然很关心这个问题。对此,我们不妨从两个方面进行讨论。

一方面,我们可以说,此亚洲非彼亚洲。就是说,《魔山》中的亚洲多半是亚洲化的欧洲，更多地是一个文化符号，所以，我们不必当真。托马斯·曼喜欢把精神世界地域化、把内心冲突外在化。他不朽的短篇小说《托尼奥·克吕格尔》就把北欧变成了伦理和理性的代名词，把南欧变成艺术和感性的代名词。小说同名主人公的烦恼就在于他是混血儿，在于托尼奥（典型的意大利男性名字）和克吕格尔（德国北方的常见姓氏）永远在较量和争吵。他不朽的中篇小说《死于威尼斯》（*Der Tod in Venedig*），写的是来自印度的霍乱如何在欧洲肆虐，最后让功勋级的德国作家阿申巴赫（Gustav Aschenbach）魂断威尼斯。在小说中，印度或者说亚洲是老虎和霍乱的代名词，印度丛林的老虎又象征着艺术家的心中之虎。肆虐威尼斯的霍乱和苏醒过来的心中之虎共同酿成了一场闻所未闻的艺术家悲剧。这场悲剧给艺术家的智慧和尊严打上了永远的问号。

《魔山》中的"亚洲"多半被塞坦布里尼当作文化符号来用。凡是他所反对的、所厌恶的事物，都有可能被标识为"亚洲"。譬如，他认为中世纪的神秘主义妨碍进步，所以将其划归"亚洲"，他把明谷的贝尔纳和创立无为哲学的老子视为一丘之貉。再如，他认定新教的内省文化有悖于欧洲的进步理念，所以新教的始作俑者马丁·路德在他眼里就露出了一副"亚洲"面相。他请汉斯·卡斯托普仔细看看路德的肖像，看看路德的头颅、颧骨和眼睛长得多么特别，然后自己发出惊呼："我的朋友，这是亚洲！"

十 欧洲·亚洲·疗养院

另一方面，塞坦布里尼的涉亚言论其实绝大多数都是涉俄言论。就是说，他是反俄的。他反俄的核心，就是把俄国亚洲化，大谈欧亚对立。在他眼里，"亚洲"即俄罗斯一无是处。首先，俄国人没文化，没品位。看看这疗养院里的俄国人，不讲衣着，不讲规矩，做事毫无时间观念，夫妻行房事既不顾忌自身的健康也不管——疗养院房间的隔墙太薄——左邻右舍的感受。其次，俄罗斯的政治状况只能用野蛮、黑暗、落后这类词汇来形容。他把7样东西——我们不妨戏称为俄罗斯7宝——视为俄罗斯的国粹：1）成吉思汗；2）荒原狼的眼睛；3）暴风雪；4）烧酒；5）农奴主的皮鞭；6）关押政治犯的圣彼得堡要塞监狱；7）形同精神鸦片的基督教。对于他，俄罗斯人就是现代野蛮人，就是现代的"巴息人和斯基泰人"。还有，塞坦布里尼对俄罗斯人明显抱有种族偏见，所以他喜欢谈论"吉尔吉斯人的眼睛"（斜吊眼）和"鞑靼人的脸"（高颧骨）。凡此种种，决定了塞坦布里尼对周边的俄国人的态度。譬如，当德国人帕拉范特（Paravant）与俄国人伊万·伊万诺维奇（Iwan Iwanowitsch）因为排队问题起争执的时候，他不分青红皂白就站在帕拉范特的一边，因为帕拉范特"虽然是一头蠢驴，但他至少通拉丁文"。这话的意思是，拉丁文自古就是欧洲文化统一性的保障，使用西里尔文的俄罗斯人不属于欧洲。与此同时，他告诫汉斯·卡斯托普，千万别跟亚洲人学坏了，千万要"保持自己高贵的本性"，千万要牢记自己是"西方的儿子，神圣的西方的儿子，文明世界的儿子"。他甚至认为有必要在疗养院的前厅放置一尊帕拉斯·雅典娜的雕像,请这位披坚执锐的欧洲女神打退咄咄逼人的亚洲势力。

塞坦布里尼这番高论不免使人想起德皇威廉二世在1895年赠送沙皇尼古拉二世油画一事。那幅画的正式名称为"欧洲各民族,保护你们最神圣的财富!",但人们一般都称之为《黄祸图》。画中可见天使长圣米迦勒一手持剑、一手把从东方飘来的一团黑云让代表欧洲各国的女神看,那团黑云中裹挟着佛像和龙,它们代表东亚民族。该图先由威廉二世起草,再由御用画家赫尔曼·克纳科夫斯完成。威廉二世将《黄祸图》赠送尼古拉二世,是想一箭双雕。他一方面想借此给沙俄戴上一顶高帽子,称其为基督教欧洲的前哨,督促他"保护十字架不受佛教、异教还有野蛮文化的侵犯"。另一方面,他想调虎离山,让沙俄把战略重心和注意力转向东方,以免在西面跟德国争抢利益和地盘。1905年爆发的日俄战争让《黄祸图》一语成谶。这是近代史上首次出现黄种人打败白种人,首次出现亚洲国家打败欧洲国家。从《黄祸图》可以看出,威廉二世的反俄立场不像塞坦布里尼那么激进。他毕竟还把俄罗斯人看作欧洲人和自己人。

塞坦布里尼如此肆无忌惮地对俄罗斯进行"地域黑",这不免让人感到诧异。他是启蒙主义思想家,天下平等、世界大同可谓其先天信仰。那么,托马斯·曼有理由对俄罗斯进行"地

十 欧洲·亚洲·疗养院

域黑"吗?当然没有。在"一战"引发的笔杆子战争中,托马斯·曼的口诛笔伐只是针对西边的英、法两国,从未针对东面的交战国俄罗斯。他属于公开的、屈指可数的亲俄派。在那场笔杆子战争中,他把德意志民族描绘成从古至今的孤胆英雄,德国人一直在抗拒主流:先是罗马帝国,然后是罗马教廷,最后是罗马化的西方,即英国和法国。对于俄罗斯,他不仅没有恶语相向,反倒不断示好。他甚至认为德国应该跟俄罗斯结盟,尽管德俄两国已是交战状态,尽管沙俄的国家形象极差,导致原本持反战立场的德国社会民主党以打倒沙俄为由为德国对外宣战投下了赞成票。很明显,托马斯·曼的政治立场是由他的文化或者说文学立场决定的。他熟读俄罗斯文学,对19世纪的俄罗斯文学大师充满深深的敬意。对于他,托尔斯泰和陀思妥耶夫斯基的重要性不亚于歌德和席勒。"一战"结束后,托马斯·曼悄然调整了民族叙事策略。《魔山》就是明证。在《魔山》里面,德国依然是不同寻常的民族,塞坦布里尼甚至用三元素——"啤酒、烟叶、音乐"——来概括德国文化。但是,德国不再是西方的对立面,而是一个中立者。在纳夫塔和塞坦布里尼中间左顾右盼的汉斯·卡斯托普,就是在东、西方两个阵营之间左顾右盼的德国的象征。

托马斯·曼的微妙转变源于其忧国忧民之心。确切讲,是受巴黎和会传闻的影响。他听说,法国总统雷蒙·普恩加莱(Raymond

Poincaré）威胁要沿莱茵河修筑一条古罗马长城，以便就像昔日的罗马人隔绝野蛮人那样隔绝今天的德国人。他还听说，法国总理克列孟梭建议在签署和平协议的凡尔赛宫的镜厅放置一尊雅典娜神像，以震慑野蛮的德国人。托马斯·曼感到义愤填膺，因为他看出一种要把德国逐出欧洲文明的企图，但他同时也忧心忡忡，因为德国是战败国，没有多少讨价还价的余地。因此，他一面撰文攻击克列孟梭，说这位长着"眯缝眼"的政治家最有理由仇恨西方文化；一面代他的祖国向西方诸国表功，说欧洲正面临来自东方的威胁，身处前方的德国人民正全力以赴抗击布尔什维主义。由此，德国人就从反抗英、法的孤胆英雄变成了捍卫欧洲的东方哨兵。现在托马斯·曼赋予其祖国的使命，就是当初德皇威廉二世赋予沙皇俄国的使命。

的确，《魔山》中的"地域黑"搞得真真假假、虚虚实实。当我们看到汉斯·卡斯托普和约阿希姆·齐姆森哥俩双双爱上俄罗斯女人的时候（后者爱上了丰满而美丽的马露霞），或者当我们看到塞坦布里尼的话总是享受讽刺待遇的时候，我们完全可以对小说中的"地域黑"大打折扣。但是我们不得不承认，塞坦布里尼的涉俄言论也道出了一个悲凉的事实：尽管俄罗斯地处东欧，论宗教、论人种也属于欧洲，尽管俄罗斯人一直盼望融入欧洲，但西欧人始终把俄罗斯人视为异己，视为亚洲人。从《魔山》倒退一百年，恰逢拿破仑刚好率军进入莫斯科。呈现在拿破仑眼前的，是一个"伟大帝国的亚洲化首都"。[1] 个中缘由，也许就是上述的俄罗斯 7 宝中的第一宝：成吉思汗。历史上俄罗斯被蒙古人统治 250 年左右，似乎身心都遭遇了亚洲化。这，也许就是西欧人眼里的俄罗斯的原罪。

《魔山》是朦胧的、多义的、复杂的。

---

[1] 参见列夫·托尔斯泰《战争与和平》。

十一　当纳雄奈尔的歌声响彻德意志大地
——《告文明世界书》述评

1914年10月4日，德意志第二帝国的各大报纸都刊载了一篇题为《告文明世界书》的联合宣言，署名者是93位来自德、奥艺术界和学术界的知名人士，所以又称《九十三人宣言》。该宣言随后被译成14种文字发表。

《告文明世界书》的署名者可谓群英荟萃。他们中间有不少堪称"不朽"的思想大师、艺术大师、学术大师。他们的书我们今天依然在读，他们的作品我们依然在欣赏，他们的科学发现和研究成果依然在造福人类。他们是认识领域的开拓者，是真和美的发现者。即便对于当今的中国人，他们的名字也多半耳熟能详。譬如：X光的发现人、首个诺贝尔物理奖得主威廉·康拉德·伦琴（Wilhelm Conrad Röntgen），合成氨的发明者弗里茨·哈伯（Fritz Haber，获1918年诺贝尔化学奖），实验心理学之父威廉·冯特（Wilhelm Wundt），进化论者恩斯特·海克尔，量子论的创始人马克斯·卡尔·恩斯特·路德维希·普朗克（Max Karl Ernst Ludwig Planck，获1918年诺贝尔物理奖），经济学家和社会改革家卢约·布伦塔诺（Lujo Brentano），法学家弗朗茨·冯·李斯特（Franz Ritter von Liszt），天主教神学家约瑟夫·毛斯巴赫（Joseph Mausbach），新教神学家阿道夫·冯·哈纳克（Adolf von Harnack），哲学家、1908年诺贝尔文学奖得主倭铿，哲学家阿洛伊斯·李尔（Alois Riehl）和威廉·文德尔班（Wilhelm Windelband），1912年诺贝尔文学奖得主格哈特·豪普特曼（Gerhard Hauptmann）及其胞兄卡尔·豪普特曼（Karl Hauptmann），文学家赫尔曼·苏德曼（Hermann Sudermann）、马克斯·哈尔伯（Max Halbe）、理夏德·德默尔、路德维希·福尔达（Ludwig Fulda），著名文学研究专家卡尔·浮世勒（Karl Vossler）和维拉莫维茨－莫伦多夫，历史学家卡尔·兰普莱西特（Karl Lamprecht）和爱德华·迈尔（Eduard Meyer），戏剧导演马克斯·莱因哈特（Max Reinhardt），画家马克斯·利伯曼（Max Liebermann）、弗里德里希·奥古斯特·冯·考尔巴赫（Friedrich August von Kaulbach）、弗朗茨·冯·斯托克（Franz von Stuck），画家、雕刻家马克斯·克林格（Max Klinger），作曲家恩格尔贝特·洪佩尔丁克（Engelbert Humperdinck），等等。神学家和政治家弗里德里希·瑙曼、瓦格纳的儿子齐格弗里德·瓦格纳（Siegfried Wagner）也在签名者之列。

群星璀璨的《告文明世界书》却是满纸荒唐言，因为它罔顾事实，颠倒黑白，为威廉二世和普鲁士军国主义涂脂抹粉，而且丝毫不掩饰其文化傲慢和种族傲慢。难怪这篇翻译成十种文字的宣言一经发表就在国际社会引起广泛的震惊和愤怒，招致多方的谴责和制裁。许多国家纷纷撤销曾经授予宣言署名者的各种荣誉和头衔，同时对德国学术界进行集体封杀。欧洲科学院联合会、国际史学大会、国际数学大会等机构纷纷对普鲁士科学院、德国历史学会和德国数学学会进行封锁，有的长达十年之久。法兰西第三共和国总理乔治·克里孟梭（Georges Clemenceau）甚至把《告文明世界书》称为"整个战争期间最可耻的行径"[1]。该宣言也的确成为德国文化史上很不光彩的一页。

如此聪明、如此精英的人物，竟然用自己的名誉为一篇如此低劣的文字做担保。这是为什么？尤其令人不解的是，《告文明世界书》的署名者多半不是保守派，而是自由派。在战前的一二十年里，这些自由派常常跟政府作对、跟政府捣乱，其批判和嘲笑对象包括威廉二世、普鲁士军国主义和出版审查制度。战争爆发后，这些自由派却判若两人，操起了本来不属于他们的语言。看看《告文明世界书》的来龙去脉也许有助于我们减少困惑。

---

[1] Gerd Krumeich: *Der Erste Weltkrieg. Die 101 wichtigsten Fragen.* Verlag C. H. Beck. 2014. S.102.

1

众所周知，第一次世界大战是由德、奥发动的，因为是德、奥首先对他国宣战并出兵他国的。而德国触犯众怒，一方面是因为入侵了中立国比利时，另一方面是因为德军的表现不像是一支文明之师。进入比利时和法国之后，德军不仅摧毁了许多城市和村庄，以清除游击队的名义枪杀了几千名比利时无辜平民，而且制造了两个轰动性的破坏文物事件：8月25日，德军炮轰历史名城鲁汶，鲁汶大学——比利时的最高学府和世界上最古老的天主教大学——图书馆被烧，大量珍贵的手稿和真迹被毁；9月18—20日，德军炮轰兰斯地区，被誉为"法兰西最高贵的皇家教堂"的兰斯圣母院（11世纪以来有25位法兰西国王在此加冕）在炮火中被毁。德军的野蛮行径遭到国际社会的一致谴责，连中立的瑞士和意大利也表示抗议。英、法两国的文化名人更是义愤填膺，发出尖锐的批判之声。英国作家、1907年诺贝尔文学奖得主约瑟夫·鲁德亚德·吉卜林在《泰晤士报》疾呼："匈奴人已打上门来"[1]；法国哲学家亨

---

[1] *Der Erste Weltkrieg. Die Urkatastrophe des 20. Jahrhunderts.* Herausgegeben von Stephan Burgdorff und Klaus Wiegrefe. München: Deutscher Taschenbuch Verlag. März 2014. S.48.

利·柏格森（获 1927 年诺贝尔文学奖）宣布："刚刚开始的对德战争其实是文明对野蛮之战。"[1] 就连以亲德闻名的阿纳托尔·法朗士和罗曼·罗兰也加入声讨行列。前者曰："德国的名字将遗臭万年。谁还怀疑他们不是野蛮人？"[2] 后者公开质问德国人："你们是歌德还是阿提拉的子孙？"[3] 德国人被扣上匈奴人或者说野蛮人的帽子，也是德皇威廉二世造的孽。谁让威廉二世对开赴中国镇压义和团的德国远征军发表过一篇"匈奴演说"？

在此形势下，德国的知识分子纷纷拿起笔杆子保家卫国，主要与英、法两国的知识分子进行论战。既有单挑，如罗曼·罗兰对豪普特曼，如罗曼·罗兰对托马斯·曼，也有集体对抗，如 1914 年 9 月 1 日波恩大学历史系发表的声明，如 9 月 4 日发表的《德国高级神职人员和教授告外国福音派信徒书》(*Aufruf deutscher Kirchenmänner und Professoren an die evangelischen Christen im Ausland*) 以及英、法两国的福音派神职人员的集体回应，如 9 月 18 日 53 位英国作家在《泰晤士报》发表的支持对德宣战的联合声明，等等。《告文明世界书》的出台，则先与德国商人埃里希·布

---

[1] Ernst Piper: *Nacht über Europa. Kulturgeschichte des Ersten Weltkriegs*. Berlin 2014. S.242.

[2] *Kultur und Krieg. Die Rolle der Intellektuellen, Künstler und Schriftsteller im Ersten Weltkrieg*. Herausgegeben von Wolfgang J. Mommsen unter Mitarbeit von Elisabeth Müller-Luckner. R. Oldenbourg Verlag München 1996. S.93-93.

[3] *Der Erste Weltkrieg. Die Urkatastrophe des 20. Jahrhunderts*, a.a.O., S.48.

赫瓦尔德（Erich Buchwald）有关，因为是此君最先产生了组织精英人士对来自国外的指责进行反击的念头。布赫瓦尔德的想法得到剧作家赫尔曼·苏德曼（Hermann Sudermann）的积极响应，两人随即开始寻找志同道合者。帝国外交部和帝国海军情报局也很快介入此事，一个核心行动小组随之诞生。剧作家和翻译家福尔达（Ludwig Fulda）负责起草文本，苏德曼和喜欢舞文弄墨的柏林市长格奥尔格·莱克（Georg Reicke）对文本进行修改和润色。效仿马丁·路德《九十五条论纲》的风格撰写宣言就是莱克的主意。福尔达、苏德曼、莱克是老相识，都是 1900 年成立的歌德同盟会的成员和创始人。该小组主要通过电报问询方式征集签名，最终找到 93 个人。正因如此，后来有一些署名者声明自己是糊涂行事，连宣言的内容都没看就签了字。歌德同盟会的一些成员如是说，经济学家布伦塔诺如是说，物理学家普朗克如是说。但普朗克的话多少需要打点折扣，因为在《告文明世界书》登报后不到两周，他在由维拉莫维茨－莫伦多夫起草的、有三千多人署名的《德意志帝国高校联合声明》（Erklärung der Hochschullehrer des Deutschen Reiches）上署上了自己的大名，而这一声明跟《告文明世界书》如出一辙。

　　应该说，绝大多数署名者是知道并且认可《告文明世界书》的内容的。既然如此，今天的读者必然要问：这些博学而睿智的文化精英怎么会认可这么一个几乎通篇胡言乱语的文本？这的确是一个难以回答的问题。但常识告诉我们，一个人很难超越自己的时代。

如果看看第一次世界大战前夕德国面临的国际形势，事情也许就不会显得那么地不可思议。在当时的德国，人们普遍感觉四面受敌，普遍充满悲情意识。个中原因在于，1871年诞生的德意志第二帝国的综合国力蒸蒸日上，其民族意识日益增强，1888年登基的威廉二世更是不断为越烧越旺的民族意识火上浇油。他不仅向其臣民庄严承诺："我带领你们走向辉煌"[1]，而且毫不掩饰建立世界帝国的梦想。他掷地有声地说过："德意志帝国的太阳应该永不落。"[2] 德意志第二帝国的雄心壮志显然不符合其他老牌帝国的利益，所以德意志第二帝国很快成为欧洲列强戒备的对象，身为龙头老大的日不落帝国尤其警惕德国的一举一动。德国与英、法、俄的关系日趋紧张。1898年，德意志第二帝国议会通过《舰队法》，这一法案毫不含糊地剑指英格兰，英、德两国的海上军备竞赛由此走向公开化、白热化。由于德国咄咄逼人，历史上瓜葛不断、长期彼此为敌的英、法、俄三国开始结盟、抱团：1894年法国和俄国缔结军事同盟；1904年英国和法国签署"诚挚的协约"；1907年英国和俄国达成瓜分势力范围的谅解协议。德国人逐渐感觉陷入包围圈。1906年，在旨在解决摩洛哥危机的阿尔赫西拉斯会议上，德国发现自身被欧洲列强所孤立。随后德国首相伯恩哈德·冯·比洛在帝国议会

---

[1] Gerhard Hirschfeld / Gerd Krumeich: *Deutschland im Ersten Weltkrieg*. Unter Mitarbeit von Irina Renz. S. Fischer Verlag. Frankfurt am Main 2013. S.13.

[2] Ebd.

演讲时发出警告:"如果一种政策旨在包围德国,并在德国周边的大国携手孤立德国、瘫痪德国,对于欧洲的和平而言,这种政策就堪忧。"[1] 由于德国与其他欧洲大国的关系日趋紧张,甚至几次走向战争边缘,德国人对战争有所预期,许多社会精英坚信德国与英、法、俄"终有一战"。因此,第一次世界大战爆发后德国人普遍相信德国打的是一场自卫反击战、德军进入比利时只是出于先发制人的策略,所以豪普特曼可以理直气壮地宣称:这是一场"由俄国、英国、法国强加给德国的战争"[2]。

1914年8月4日,当帝国首相霍尔韦格在帝国议会宣布德军因"正当防卫"而进入比利时之后[3],德意志第二帝国出现了众志成城、万众欢腾的场面,史称"沸腾的八月"(Augusterlebnis)。人们纷纷走上街头,为战争和祖国欢呼。成群结队的年轻人不分昼夜地游行、狂欢。他们穿行于大街小巷,一路唱着爱国歌曲,一路高喊杀敌口号,如"一枪打死一个俄国人／一刀刺死一个法国人／一脚踢死一个英国人"[4]之类。开赴前线的士兵被夹道欢送,得到许多的掌声、呼声和鲜花,意气风发、斗志昂扬、喜气洋洋,信

---

[1] Gerd Krumeich, a.a.O., S.17.

[2] *Kultur und Krieg. Die Rolle der Intellektuellen, Künstler und Schriftsteller im Ersten Weltkrieg*, a.a.O., S.228.

[3] Gerhard Hirschfeld / Gerd Krumeich, a.a.O, S.58.

[4] Gerd Krumeich, a.a.O., S.31.

心百倍地彼此高喊"巴黎街头见!"而知识分子的"战争喜悦"普遍超出常人。有统计表明,在德意志第二帝国,人们的战争热忱与人们的文化程度和社会地位基本成正比[1]。就是说,一个人的文化程度和社会地位越高,其战争热忱就越高。帝国的知识分子纷纷用力所能及的方式为国效劳。有的主动走向征兵站,如年过半百的理查德·德默尔(Richard Dehmel);有的送子参军,如把四个儿子都献上的豪普特曼;普朗克的两个儿子参了军、上了前线,两个女儿则前往战地医院做护士。更多的则是通过诗歌、散文或者演说来讴歌战争和军人、歌颂祖国讨伐敌人。年届70的帝国桂冠哲人倭铿就先后在各地发表36场演说,在能够容纳上千人的纽伦堡市政厅还创下连续演讲两场、一直讲到深更半夜的纪录;作曲家理查德·施特劳斯写完《没有影子的女人》的第一幕之后,在乐谱上特别注明"完成于萨尔堡大捷之日"[2],作曲家汉斯·埃里希·普菲茨纳(Hans Erich Pfitzner)参军未果,但他随后把自己的新作《帕莱斯特里那》献给了帝国海军元帅、号称德国大洋舰队之父的阿尔弗雷德·冯·提尔皮茨。在同仇敌忾、普天同庆的形势下,威廉二世发出了缔结"城堡和平"(城堡就是德国)的倡议,德意志第二

---

[1] 在普鲁士王国,开战后头十天自愿报名参军并最终入伍的十四万人中间,来自社会中上层家庭的子弟占了绝大多数。参见:Gerhard Hirschfeld / Gerd Krumeich, a.a.O., S.62。

[2] Ebd., S.63.

帝国随之变成和谐社会。自由派知识分子不再与政府捣乱、作对，威廉二世也不再对自由派知识分子诅咒、叫嚣。德意志第二帝国举国上下众志成城、一致对外。目睹这等大好形势，历史学家格奥尔格·冯·比洛（Georg von Below）曾动情地写道："今天，无论市长、工厂主、商人、工匠、教师、工人，还是君主、骑士、农民，人们全都手拉手、肩并肩地奔赴前线。"[1] 在这种形势下，保持清醒、保持独立谈何容易。能够做到"举世皆浊我独清"的人只能是凤毛麟角。爱因斯坦和数学家大卫·希尔伯特（David Hilbert）是德国科学界的凤毛麟角者，亨利希·曼（Heinrich Mann）和卡尔·克劳斯是德国文艺界的凤毛麟角。

　　需要指出的是，德意志第二帝国是一个实施新闻审查的国家，舆论受到控制和引导。由于政府对媒体进行严格审查，对战争起因有着较为清醒认识的左翼党和左翼人士的言论多半受到屏蔽或者压制。因此，在战争责任问题上基本上是官方什么腔调民间就什么腔调，知识分子也未能免俗。但令人诧异的是，德国人在这种认识水准上停留了近半个世纪。1961年，西德历史学家弗里茨·菲舍尔（Fritz Fischer）发表其著作《攫取世界霸权——德意志帝国的战争目标政策》（*Griff nach der Weltmacht: Die Kriegszielpolitik des*

---

[1] *Kultur und Krieg. Die Rolle der Intellektuellen, Künstler und Schriftsteller im Ersten Weltkrieg*. Herausgegeben von Wolfgang J. Mommsen unter Mitarbeit von Elisabeth Müller-Luckner. R. Oldenbourg Verlag München 1996. S.119.

kaiserlichen Deutschland 1914/18）之后，德国人才首次听说"一战"是由德国长期酝酿并蓄意挑起的。菲舍尔这一论点自然在西德舆论界引发巨大的、持续的震荡。菲舍尔在柏林自由大学大讲堂发表演讲的时候，听众人数达两千，普通读者寄给报社的抗议信铺天盖地，联邦议长欧根·格斯登美尔（Eugen Gerstenmaier）公开抨击菲舍尔的观点，德国政府还试图通过削减歌德学院经费的方式阻止菲舍尔前往美国宣讲其论点，巴伐利亚州长弗朗茨·约瑟夫·施特劳斯（Franz Josef Strauß）到了1965年还呼吁人们"清除""对德国历史和德国形象的扭曲"。[1]

2

如果说上述历史背景是《告文明世界书》出台的外因，其签署者的思想意识就是造成这一事件的内因。就是说，那93位社会精英多半思想意识有问题。他们的主要问题可以概括为三点：文化傲慢、种族傲慢、军国主义。这种不良思想意识在《告文明世界书》中可谓充满字里行间，在第五条和第六条尤其扎眼，必须做点注释和点评。

先看看第五条的最后一句话："那些与俄罗斯人和塞尔维亚

---

[1] Der Erste Weltkrieg. Die Urkatastrophe des 20. Jahrhunderts, a.a.O., S.259.

人结盟的人,那些唆使蒙古人和黑人攻击白种人、从而在世人面前上演一幕可耻的戏剧的人,最无权力装扮欧洲文明的守护者。"这是一句很成问题、却很少受到追究的话。这句话与其说在骂英国人和法国人,不如说骂欧洲以外的人,是赤裸裸的种族主义。《告文明世界书》写上这样一句话,是因为德意志社会精英目睹了令其费解的新生事物:英、法两国不仅跟俄罗斯、塞尔维亚、日本结盟,还从两国分布在世界各地的殖民地把有色人种拉来做劳工、做壮丁("一战"期间处于半殖民状态的中国向欧陆派遣了大约14万劳工)。他们是德国的敌对国、交战国,这没问题,好歹同文同种。可是,俄罗斯和塞尔维亚算什么?亚洲人和非洲人算什么?历史学家弗里德里希·梅尼克(Friedrich Meinecke)就断言,塞尔维亚"不属于文化民族"[1],他认为"优越的文化已决定德国对塞尔维亚和俄国占有政治优势"[2],恩斯特·海因里希·菲利普·奥古斯特·海克尔因为英国动用"世界各地的低等有色人种"来对付德国而谴责英国人"对白人种族进行无耻的背叛"[3],社会学家维尔纳·桑巴特声称自己战前"从未把日本人当作人

---

[1] Kurt Flasch: *Die geistige Mobilmachung. Die deutschen Intellektuellen und der Erste Weltkrieg. Ein Versuch.* Alexander Fest Verlag. S.50.

[2] *Der Erste Weltkrieg. Die Urkatastrophe des 20. Jahrhunderts*, a.a.O., S.46.

[3] Ernst Piper, a.a.O., S.219.

来看"[1]，托马斯·曼跟桑巴特的认识和感受差不多，似乎也没把有色人种当人看，所以其动词的使用与《告文明世界书》如出一辙，所以他说英、法"放出吉尔吉斯人、日本人、尼泊尔人、霍屯督人来攻击德国"[2]。"放出"（loslassen）和"嗾使"（hetzen）显然有异曲同工之妙。这些德意志文化精英口无遮拦，只因一个简单的事实：他们是在19世纪的精神哺育下成长起来的，而19世纪是一个信奉达尔文主义、社会达尔文主义和白人至上的世纪。反过来，如果没有种族主义的思想禁锢，这些德国知识精英本来可以对敌人重炮还击：圆明园是谁烧的？谁更野蛮？

《告文明世界书》的第六条宣言最为臭名昭著，一方面，因为这93位社会贤达竟然在此美化其普鲁士军国主义。对于欧洲其他国家而言，普鲁士军国主义一直是眼中钉、肉中刺。众所周知，18世纪的普鲁士王国是通过赫赫武功崛起的，普鲁士崛起的头号功臣腓特烈大帝首先是一个军事天才。19世纪下半叶，普鲁士通过三次炮火的洗礼建立了德意志第二帝国。俾斯麦的铁血政策、威廉二世称霸世界的野心更是强化了德国的军国主义形象，令欧洲其

---

[1] *Kultur und Krieg. Die Rolle der Intellektuellen, Künstler und Schriftsteller im Ersten Weltkrieg.* Herausgegeben von Wolfgang J. Mommsen unter Mitarbeit von Elisabeth Müller-Luckner. R. Oldenbourg Verlag München 1996. S.74.

[2] *Thomas Mann. Essays. Band 2. Politik.* Herausgegeben von Hermann Kurzke. Fischer Taschenbuch Verlag 1977. S.36.

他大国满腹狐疑。本来，欧洲列强都是军国主义，都在奉行铁血政策，他们遍布世界各地的殖民地都是通过坚船利炮打下来的。德国人让老牌帝国主义看不顺眼，因为他们是"迟到的民族"，他们年轻气盛，而且摆出要从老牌帝国主义者那里分一杯羹、要和老牌帝国主义决一死战的架势。世故的老牌帝国主义一直在盘算如何修理咄咄逼人的后来者（修昔底德陷阱并非空穴来风）。另一方面，从普鲁士的崛起开始算，德意志文化已经辉煌了至少一百五十年，牢牢树立了"诗哲民族"和"音乐民族"的光辉形象，赢得了各国由衷的敬意。在欧洲邻国的眼里，德国就是腓特烈的波茨坦和歌德、席勒的魏玛的奇特组合，前者代表德意志军国主义，后者代表德意志文化。所以，当德国打响"一战"的第一枪之后，老道的英国人马上摆出了公允、客观、大度的姿态，呼吁对德国采取二分法。英国外交大臣爱德华·格雷爵士就强调，协约国的战斗对象"不是德国文化，而是德国的军国主义"[1]，英国作家阿瑟·柯南·道尔（Arthur Conan Doyle）则表示："我们为昔日那个强大而深刻的德国而战，我们为创造了音乐和哲学的德国而战，我们与这个张牙舞爪的、推行铁血政策的今日德国作战。我们的胜利将为不属于统治阶层的德国人带来持续的拯救。"[2] 对于这类说法，《告文明世界

---

[1] Kurt Flasch, a.a.O., S.91.

[2] *Der Erste Weltkrieg. Die Urkatastrophe des 20. Jahrhunderts*, a.a.O., S.47.

书》的签署者们既不理解，也不领情。他们将二分法斥为"虚伪"，同时又骇人听闻地声称："若无德意志军国主义，德意志文化早就灰飞烟灭……德意志军队与德意志民族融为一体。"在此，《告文明世界书》所道出的当然不只是93个文化和知识精英的心声。没有参与《告文明世界书》签名活动的知识精英同样表达了令人瞠目结舌的观点。譬如，桑巴特将军国主义视为"波茨坦和魏玛的完美统一"[1]，托马斯·曼认为"只有在战争中，德国才充分绽放出美和美德"[2]。

军国主义对德意志文化是祸是福，历史给出了答案。第一次世界大战给出了临时答案，第二次世界大战给出了最终答案。第二次世界大战结束前夕的两个历史事件值得关注：第一，1945年5月7日纳粹德国在兰斯签下无条件投降书，而兰斯是德国人"一战"期间造孽的地方；第二，1945年7月26日，中、美、英在普鲁士军国主义的圣地波茨坦发布《波茨坦公告》(*Potsdam Declaration*)，把日本军国主义也列为清算目标，萧伯纳有关"一战"旨在让各国"戒掉波茨坦"的预言[3]似乎由此才得以实现。

《告文明世界书》无疑是一代德国知识分子思想很不靠谱的明证。第一次世界大战期间，当德、奥文化精英竞相讴歌战争、讴歌

---

[1] Ernst Piper, a.a.O., S.236.

[2] *Thomas Mann.* a.a.O., S.32.

[3] *Thomas Mann.* a.a.O., S.340.

十一　当纳雄奈尔的歌声响彻德意志大地

军国主义的时候，冷眼旁观的卡尔·克劳斯说过一句严肃的戏言："缔结和约之后，把讴歌战争的文人全部抓起来，然后在伤残军人面前好好鞭打一番。"[1] 如果考虑到第一次世界大战造成上千万的死伤，把说话如此不靠谱的精英人士抓起来狠狠鞭打似乎也不过分。不过，历史就是最好的皮鞭。他们或多或少地从历史中间得到教育，有的还受到严重惩罚。《告文明世界书》的起草者福尔达就是很好的例子。1862年降生在法兰克福的一个犹太人家庭的福尔达，是一位才华横溢、功成名就的剧作家和翻译家。他写了三十多个剧本。第一次世界大战之前他的剧本在维也纳城堡剧院的上演次数不亚于像豪普特曼、施尼茨勒或者霍夫曼斯塔尔（Hugo von Hofmannsthal）这些名声显赫的剧作家。他从7种语言翻译文学作品，他的译文总是妙笔生花。第一次世界大战之前，他翻译的莫里哀剧本在德国上演的次数超过了法国。鉴于其翻译成就，1907年法国政府还授予他荣誉军团十字勋章。福尔达还具有很强的组织才能和社会责任感。他在柏林参与创建了旨在反对出版审查制度的歌德同盟会，他也是普鲁士艺术科学院的创始人之一，并且担任了国际笔会德国分会的第一任会长。1932年，在他七十大寿之际，帝国总统保罗·冯·兴登堡（Paul von Hindenburg）还亲自授予他歌德勋章。他的社会名望由此达到顶点。福尔达对德国文化怀有一种超乎

---

[1]　*Der Erste Weltkrieg. Die Urkatastrophe des 20. Jahrhunderts*, a.a.O., S.52.

常人的爱和自豪感。"一战"期间,他不仅断言德国人是"最有文化修养的民族"[1](《告文明世界书》中也提到德国人对艺术的爱无人超越),还一本正经地倡议:如果德国战胜了英国,就应"在和约中设定一条把威廉·莎士比亚从形式上转让给德国的条款",因为"莎剧在德国的演出令英国望尘莫及,德国对莎士比亚的理解比英国深刻许多"[2]。可是,这样一个热爱文化、热爱祖国、热爱祖国文化的文人,最终却遭遇了被文化、被祖国、被世界抛弃的悲惨命运。他是犹太人,所以纳粹不会饶过他:1933年,他被撵出普鲁士艺术科学院文学部,1935年起他被禁止发表任何东西。1939年,他想移居美国,但美国人似乎还惦记他在"一战"的表现,所以拒绝向他发放签证(法国人早就撤销了他的荣誉军团十字勋章)。走投无路的他,只好在绝望中自杀……如果福尔达在自杀之前起草一篇控诉纳粹、控诉德国历史歪路的《告文明世界书》呢?

3

最后需要对标题翻译来一个小小的说明。我们把"Aufruf an die Kulturwelt"译为"告文明世界书",是因为约定俗成。由于约

---

[1] *Der Erste Weltkrieg. Die Urkatastrophe des 20. Jahrhunderts*, a.a.O., S.50.

[2] Ebd.

定俗成,我们巧妙地绕开了一个翻译难题。德文里面从康德时代就把"文化"(Kultur)和"文明"(Zivilisation)区分开来,甚至把二者视为对立面,从而有别于英、法两国。这一区分至今存在:亨廷顿的《文明的冲突》(*The Clash of Civilisations*)进入德文就成了"Kampf der Kulturen"即"文化的冲突"。第一次世界大战期间,文化异于文明论、文化优于文明论在德国可谓甚嚣尘上。对当时许多的德国文化精英而言,英、法追求"文明",德国追求"文化"。对于二者的区分,有五花八门的说法,但其基本意思是:"文明"关注物质生活和社会生活层面,所以追求现代化、城市化、舒适、华丽,倾向庸俗和平庸;"文化"关注精神和心灵,所以追求激情、力量、深刻,充满个性和创造。如果套用我们中国人熟悉的语言,就可以说英、法是物质文明,德国是精神文明。有意思的是,不少德国文化精英干脆就把"一战"看作"文化"与"文明"的大决战。为此马克斯·舍勒说过,如果德国战败,那就意味着"温吞的英式享受和循规蹈矩的文明战胜充满原创和个性的文化",意味着"资产阶级战胜腓特烈大帝以及歌德和康德的精神"[1]。从这个意义上讲,德文的"Kultur"是很难翻译乃至无法翻译的。不论英语、法语还是中文,把这《九十三人宣言》译

---

[1] *Kultur und Krieg. Die Rolle der Intellektuellen, Künstler und Schriftsteller im Ersten Weltkrieg*, a.a.O., S.72.

成《告文明世界书》或多或少都属于无奈之举。不过，由于该宣言的述说对象是外国和中立国，并且涉及谁是文明之师的话题，将"Aufruf an die Kulturwelt"译成"告文明世界书"反倒通顺、贴切，甚至不无反讽意味。

图书在版编目（CIP）数据

德意志心灵 / 黄燎宇著. -- 北京：北京大学出版社，2025. 4. -- ISBN 978-7-301-36103-0
Ⅰ. K951.6
中国国家版本馆 CIP 数据核字第 2025SN5468 号

书　　名	德意志心灵 DEYIZHI XINLING
著作责任者	黄燎宇 著
责任编辑	赵　聪
标准书号	ISBN 978-7-301-36103-0
出版发行	北京大学出版社
地　　址	北京市海淀区成府路 205 号　100871
网　　址	http://www.pup.cn　新浪微博：@北京大学出版社
电子邮箱	zpup@pup.cn
电　　话	邮购部 010-62752015　发行部 010-62750672 编辑部 010-62753154
印刷者	北京九天鸿程印刷有限责任公司
经销者	新华书店
	880 毫米 ×1230 毫米　A5　7 印张　155 千字 2025 年 4 月第 1 版　2025 年 4 月第 1 次印刷
定　　价	55.00 元

未经许可，不得以任何方式复制或抄袭本书之部分或全部内容。
版权所有，侵权必究
举报电话：010-62752024　电子邮箱：fd@pup.cn
图书如有印装质量问题，请与出版部联系，电话：010-62756370